COLECCION PROSPERAR

¿Quién es esa mujer vestida de sol?

BIBA ARRUDA

Comentarios:

Padre **SEBASTIAN BONJORN SALES**
Laico predicador **BILL ALEXANDER CARRASCAL C.**

MARIA, ¿QUIEN ES ESA MUJER VESTIDA DE SOL?
Libro original MARIA, ¿QUEM É ESSA MULHER VESTIDA DE SOL?
©1998 BIBA ARRUDA
São Paulo, Brasil

Editado por
© Prosperar Sca.
Calle 39 No. 28-20
Teléfonos: 368 1861 - 269 8567 - 269 5685
e-mail: centauro.prensa@ibm.net
Santafé de Bogotá, Colombia

Primera edición: marzo de 1999

ISBN: 958-96144-5-0

Traducción:	Neide María Krieger
Artes:	Marlene B. Zamora C.
Coordinación:	María del Pilar Jiménez G.
Corrección:	Hernán Mora
Fotomecánica:	Foto Láser
Impresión:	Quebecor Impreandes

Consagro este libro, mi trabajo
y toda mi vida al

SAGRADO CORAZÓN
DE JESÚS Y MARÍA

*A*gradezco profundamente y ofrezco este tratado sobre el AMOR incondicional a la esencia femenina de mi familia, que siempre recorrió con entusiasmo el camino del corazón.
A mi tatarabuela Ana Beatriz, de quien heredé el nombre y el coraje. Incomprendida, fue internada como loca, cuando en verdad era una visionaria muy conectada con Dios.
A la madre de mi madre, Anna Virginia.
A mi madre, Ana Cynira.
A mi hija, Ana Thereza, y a las hijas de mi hija, que un día llegarán...
Este es el trayecto de la divina energía femenina de María, circulando a través de las generaciones.
Siendo liberada de las raíces al tallo, de las flores a los frutos, y regresando a la tierra, abonándola para que nuevos y frondosos árboles florezcan para siempre.
Gracias por el legado de fuerza y fe.

CADA EJEMPLAR DE ESTE LIBRO ESTA
PROTEGIDO POR UN HERMOSO
ÁNGEL

¡ABRA SU CORAZÓN PARA EL!

Sumario

Prólogo	11
Comentarios	15
Agradecida, agradecida, profundamente agradecida	17
Carta - prefacio	21
¿Quién es esta mujer vestida de sol?	25
1. Su tesoro interior	29
2. La fuerza de quien habla con el corazón	35
3. Vida de María.	57
4. Los caminos del corazón	83
5. Apariciones y mensajes de María para el mundo	101
6. Línea directa con Dios	143
7. Siga su camino de fe y esperanza	167
Bibliografía	173

Prólogo

Cuando yo tenía 19 años y me encontraba prestando servicio militar en el ejército de los Estados Unidos, al contar con unos días de vacaciones decidí recorrer Europa en un viejo automóvil que mis escasos ingresos de soldado a duras penas me permitían mantener en regular funcionamiento. Conocer esos países era una experiencia y una emoción difícil de describir para un joven cuyos años de bachillerato transcurrieron en la sencilla población de Tunja, en Colombia. Conocer el Viejo Continente, no podía pasar de ser un quimérico sueño. Pero allí estaba, manejando mi propio auto, visitando esas legendarias ciudades y poblaciones de las que estaba hecha la historia de milenarios años.

Uno de los sitios que más tenía curiosidad de conocer era Lourdes, en Francia, por ser mi madre muy devota de la Virgen que se había aparecido en ese lugar. Quería saber sobre los milagros que Ella obraba en los devotos que visitaban la gruta donde se apareció.

Aún recuerdo como si fuera hoy, las miles de personas que, venidas de todas partes del mundo, se daban cita allí para honrar a la Virgen con sus oraciones, cánticos y procesiones. Por doquiera se veían placas con testimonios escritos, y objetos usados –como muletas y bastones–, dejados allí por personas que se habían curado milagrosamente de sus enfermedades e impedimentos físicos.

Todos querían llevarse un poquito del agua milagrosa que brotaba de una fuente que se encontraba debajo de la gruta donde la Virgen hizo sus apariciones, y para ello utilizaban cualquier botella o vasija que tuvieran a mano. Me pareció que si esa agua era tan especial, yo no me contentaría con una botellita, sino que fui hasta mi automóvil y saqué un tanque de cinco galones, lo lavé bien y lo llené con esa agua. No sabía para qué o cómo la iba a utilizar, pero me parecía que no debía desperdiciar la oportunidad.

De Lourdes seguí hacia España, y al regreso me detuve en la llamada "Ciudad Luz", París, donde no pude dejar de visitar su famoso barrio Pigalle, en ese entonces el centro de toda clase de espectaculares clubes nocturnos.

Allí, mis escasos ahorros para concluir el viaje desaparecieron y de pronto me encontré con que apenas tenía lo suficiente para la gasolina de regreso hasta Munich, al sur de Alemania, donde se encontraba la unidad militar a la que yo pertenecía. Lo peor que un soldado podía hacer para dañar su hoja de servicio era llegar después de la hora indicada, porque se le consideraba desertor y se le castigaba con varios días de prisión. Era un viernes y debía reportarme a más tardar el domingo siguiente a media noche.

Me esperaban por lo menos 25 horas de viaje y no veía problema alguno de lograrlo entre sábado y domingo. Hacia el medio día emprendí mi regreso. Todo iba muy bien, pero cuando caía la tarde, en una amplia carretera de Bélgica, sentí un golpe muy extraño en el motor del auto que hasta ese momento me había servido de maravilla, en segundos el motor quedó sin fuerza alguna y tuve que salirme de la carretera y detenerme en un sitio desolado. No hubo manera de hacerlo arrancar de nuevo. Ya estaba anocheciendo y la angustia comenzó a apoderarse de mí. Con los cinco dólares que me quedaban y que eran para la gasolina, no se podia hacer nada. En esos momentos de desesperación me acordé que tenía el tanque con agua de Lourdes. Sin pensarlo dos veces lo saqué y vacié parte de su contenido sobre el auto, rogando para que se hiciera un milagro, y arrancara.

Ya la oscuridad de la noche era tal que no se veían sino las luces de los veloces autos que pasaban por mi lado. Giré la llave, presioné el acelerador y sentí que el motor respondía levemente. Saqué el embrague y sentí cómo el auto comenzó a moverse muy lentamente. Me fui deslizando por aquella oscura carretera hasta que el motor definitivamente ya no dio más. No tuve más remedio que pasar la noche entre el auto.

Con las primeras luces del amanecer pude ver a una muy corta distancia un taller de mecánica. Golpeé y un hombre a medio vestir abrió de mala gana. Me escuchó y cerrando de nuevo, me dijo que el sábado no trabajaban. Le rogué que me ayudara. Se quedó mirándome hasta que asintió con la cabeza. Buscó a uno de sus hijos, revisaron el auto y me confirmaron queel daño era grave. Se le había roto una válvula y tendrían que desmontar todo el motor para reemplazarla. Demorarían hasta la tarde, pero lo harían. A las cinco estaba funcionando como nuevo. Sólo en ese momento caí en cuenta que no tenía dinero para pagarles.

Como si leyeran mi pensamiento me dijeron que no me preocupara, que durante la guerra los soldados americanos los habían ayudado y que estaban muy agradecidos. Que no les debía nada. Me invitaron a comer, tanquearon el auto y me despidieron con un fuerte apretón de manos.

Esta vez el destartalado Ford Taunus parecía como si volara. Nunca había tenido tanta fuerza. Manejé sin parar hasta las cuatro de la madrugada del domingo. Había llegado ya a Boon y aún me faltaban casi 700 kilómetros. Paré al lado de la carretera para dormir algo. Manejé hasta el cuartel, ¡llegando media hora antes de vencerse el plazo para reportarme!

Desde entonces creo en la protección de la Virgen María que nos llena de luz en los momentos en que nos sentimos perdidos y sin esperanza, no importa si se trata de un problema de salud o de una situación financiera, familiar o simplemente de un auto dañado en la mitad de la carretera, como me sucedió a mí.

Nos complace inmensamente presentar a los lectores de hispanoamérica este libro de la escritora brasilera, Biba Arruda, en el cual nos lleva de la mano a través de su vivencia, su sentimiento y su devoción, permitiéndonos mayor familiaridad aún más con esta única Mujer vestida de sol, la Virgen María.

GUSTAVO NIETO ROA
Editor

Comentarios

ESA MUJER...

Esa Mujer
de sol vestida...
¡eres Tú, Virgen María!!!

Bella es la nieve que cae
y viste de blanco valles y montañas:
brillante es el sol que nace,
signo del fruto de tus entrañas.

Más blanca eres Tú, María,
y más que el sol brillas Tú noche y día.

Bellas son las flores
que adornan el jardín;
Tu alma es de colores
y de belleza sin fin.

El sol traspasa el cristal
y lo deja intacto:
da a luz tu seno virginal
y queda inmaculado.

Esa Mujer
de sol vestida,
¡eres Tú, Virgen María!!!

Amigo lector:

Lee este libro con pausa y sin afán
¡y crecerá en ti el Amor
a ESA MUJER, la Hija de Adán!!!

P. Sebastián Bonjorn Sales

QUIEN CONOCE A LA MADRE
TAMBIÉN CONOCE AL HIJO

Cincelado con sabiduría, delicadeza y gusto femenino, el libro de Biba Arruda es un bello ensayo de hermenéutica bíblica a través de fuentes históricas, literarias y de cultura general, entretejidas de manera libre bajo una óptica muy particular.

La autora hace referencia a su vivencia personal en cuanto al sentido de la esencia femenina inspirada en María, para, a través de Ella, encontrar a Jesucristo, dar a conocer su Iglesia, su doctrina y sus verdades manifiestas, porque quien conoce a la Madre también conoce al Hijo, y percibe quién es el mayor en sabiduría y en amor, y merece ser seguido. Sólo basta dejarnos conducir por la Madre del Buen Viaje, vistiéndonos de sol (o luz azul según la autora), como lo hizo Ella con las dos alas de águila (ángel) que nos permiten viajar por el desierto de las mezquindades del mundo para encontrar la verdad de Jesucristo en el corazón.

Corresponderá a la Sabia y Maestra Madre Iglesia confirmar la verdadera intención e influencia de estos hermosos escritos impregnados de la esencia femenina de la Madre de los Cielos, a esta Hija de la Hija del Altísimo y Discípula de Él.

Bill Alexánder Carrascal Carrascal
Laico predicador y asesor de comunidades
católicas en distintas ciudades colombianas

¡Agradecida, agradecida, profundamente agradecida!

¡*L*a gratitud es una de las virtudes más extraordinarias y poderosas que existen! ¡Deseo de corazón que este libro le contagie y entusiasme con esta inmensa gratitud que siento ahora! Gratitud por estar viva y hacer parte del plan divino, gratitud por haber despertado hacia caminos tan sublimes y dadivosos.

No siempre es fácil, pero puedo afirmar con certeza que en cada dificultad que tuve, el Señor pudo mostrar Su presencia omnipotente y actuar soberanamente, dándome Su mano y mostrando Sus caminos.

Quiero agradecer a **todos** los que pasaron por mi vida y a todos aquellos que colaboraron para enriquecer cada una de las palabras aquí transcritas.

Dios opera Sus milagros cuando menos imaginamos y donde ni siquiera pensamos. Caminé leguas entre los pasillos de la Bienal del Libro, escogiendo la editora más adecuada para lanzar mi trabajo. Sin embargo, los divinos designios ya lo habían hecho por mí.

Con los pies hinchados avanzaba y pensaba en los próximos pasos a dar, por cuáles caminos optar, cómo planear la semana, la vida (¡como si eso fuera posible!) –cuando de repente me interrumpió mi hija, entrando en la sala como un relámpago, en las manos una reluciente pelota azul color cielo... "¿Y eso... y esa pelota azul? "¡Ah! Esta es la pelota que me regalaron en el puesto de la Editora Gente, ayer en la Bienal...". Traducción de una fulminante revelación del ángel: Ellos realmente le están parando bolas hace mucho tiempo. ¡Debo buscarlos! ¡Pelota en la red es gooool!

"Curioso" es que acertamos en toda la concepción de este libro en la primera reunión. Todos los allí presentes estaban en plena conexión divina, la comunicación era fluida y fácil, como si los planes ya estuvieran trazados. Rosely conducía la reunión con su habla mansa y dulce y todos nosotros parecíamos estar seguros de lo que estábamos haciendo. En fin, ¡amar puede resultar!

Salí de allí plena de gratitud, y las señales continuaron: Entre tantos miles de taxis de Sao Paulo, al abrir la puerta de *aquel* encontré, pegada a la ventanilla, la estampa de la Virgen María, ¡la misma que está impresa en la portada de nuestro libro!

Sonreí una vez más y agradecí. Charlé con el taxista quien me contó que era muy, muy devoto a **¡Nuestra Señora del Buen Viaje**!

¡Uau! Aquel era un mensaje directo de María, deseando buen viaje a la nueva jornada que estábamos iniciando.

Línea directa con Dios, ¡de verdad!!!

Y, hablando de viaje, ¿quién no ha oído hablar del aventurero Marco Polo? Pues bien, hace algunos años recibí varias e insistentes llamadas de un periodista interesado en el tema sobre el fin del mundo. Lo que jamás podría imaginarme es que ese mismo periodista, de nombre Marco Polo, sería un imprescindible compañero y el dedicado editor de mi trabajo. ¡Gracias por la afinidad y sintonía, por la agilidad y coherencia! Tanto hablamos de las mujeres como donantes de formas, sin embargo, Nuestra Señora escogió justamente un hombre para dar el formato final a mi libro. En fin, lo que importa es la fuerza de quien habla con el corazón. El resultado de este libro tal vez sea la conclusión de aquel tema sobre el fin del mundo, mundo que no se acabará pero con seguridad se transformará y es por eso que María está tan presente, alertándonos sobre cómo actuar.

Quiero agradecer a todos los que me acompañaron en esta jornada, complementándola y enriqueciéndola con emociones y experiencias.

Quiero agradecer especialmente a mi hija, Ana Thereza, por haberme escogido y haberme dado la preciosa oportunidad de convertirme en madre. Agradezco a Ana, nuestra Tata querida y a doña Djanira. Verdaderos "ángeles" guardianes de mi casa, de mi comodidad y de mi hija. Gracias! Sin la colaboración de ustedes, no tendría paz ni tranquilidad para pasar las noches escribiendo con la seguridad de que la rutina de la casa permanecería impecable al día siguiente.

Gracias a todos los oyentes de la radio y a los lectores de los fascículos, quienes a través de sus llamadas, testimonios y cartas me enseñaron la fuerza del mensaje de Dios, el poder del amor incondicional divino y que las semillas están floreciendo por todas partes.

Gracias, ¡Guerreros de Luz! Gracias al Padre Antonio María quien siempre me inspiró, quien meció mi corazón cantando al teléfono la canción "Ven, Espíritu", leyendo cariñosamente los originales y haciendo benditas observaciones.

Gracias a mi padre, quien me regaló la primera máquina de escribir a los 13 años y la oportunidad de los primeros trabajos publicados.

Gracias a toda mi familia por los consejos, por el cariño, apoyo y por la admiración de siempre. Los amo a todos y a **cada uno** de ustedes de manera especial. Gracias a mi querida maestra de Bahía por estar a mi lado todo el tiempo, enseñándome el camino recto y de luz: Jesucristo.

Gracias, profundamente gracias a mi amor, mi arcángel en la tierra. Mi compañero y alma gemela. Usted es un regalo de Dios para mí. Adoro lo que somos juntos: ¡LUZ!

Gracias, Jesús, por ser mi maestro. Gracias, María, por ser mi madrecita querida. Gracias, ángeles maravillosos, por colmar mi camino de alegría y esperanza.

Carta - prefacio

¡Biba, querida amiga!

Leí su libro con mucho cariño. Lo leí en el aeropuerto de Brasilia mientras esperaba el vuelo que me llevaría a Piauí. Como estaba en la capital federal, durante la lectura fui imaginando el torrente de gracias que caerían sobre nuestro Brasil, sobre cada brasileño al leer su libro.

Cuando los astronautas llegaron a la Luna, uno de ellos exclamó: "¡Nuestro planeta es azul!". ¿Sabes?, Biba, sueño con ese planeta azul, del azul de María. Su libro es una pincelada fuerte de ese azul sobre nuestros corazones. El ayuda a que nuestro Brasil sea la tierra de los campos con más vida y de las vidas con más amores.

Me gusta recordar un descubrimiento que hice en Belmonte, Portugal, tierra natal de Pedro Alvarez Cabral. Allá encontré una linda imagen de Nuestra Señora con el sugestivo título de Nuestra Señora de la Esperanza. Aquella imagen vino con Cabral en su carabela cuando el Descubrimiento de Brasil. ¡En verdad, Brasil ha sido descubierto por María! Y su libro nos ayuda a ser como ella, descubridores también. Descubridores de nuevos caminos, del nuevo camino del amor, como usted misma lo dice.

¡La felicito por su coraje! Tener valor es actuar con el corazón. Puede haber gente que piense que existen temas más "impactantes". Usted escogió éste. ¡Usted es una persona con mucho coraje!!! Y su coraje nos hace tener una…

LÍNEA DIRECTA CON DIOS

A la Iglesia le gusta repetir la célebre frase de un gran santo mariano: "María es el camino más corto y más seguro para llegar a Dios".

En el capítulo en el cual usted hace comentarios sobre esta línea directa, nos ofrece una verdadera "receta de purificación". Podrá existir alguien que piense que usted está ofreciendo "rituales mágicos". Sé que no es precisamente así. Aquella historia del vaso con agua, de romper el vaso, son señales fuertes. Me acuerdo de haber leído que en el ritual del matrimonio judío también se rompen vasos. El agua siempre fue, desde la creación del mundo, una señal muy fuerte. La oración de bendición del agua en el ritual del bautismo dice: "El Espíritu de Dios volaba con lentitud sobre las aguas para que fueran capaces de generar vida. En las aguas del diluvio le pusiste un fin a los vicios y al mismo tiempo hiciste surgir un nuevo principio para la humanidad".

El propio Jesús utilizó algunas veces rituales extraños, como el de la saliva y polvo de la tierra para curar la ceguera. Que los lectores de su libro, Biba, puedan sellar y ratificar esa purificación a través del ritual del perdón de Dios, instituido por el propio Jesús como sacramento de la penitencia o confesión.

¡Gracias, Biba, por traer a María más cerca de nosotros! A la Iglesia siempre le gustó aplicar a ella versículos del capítulo 24 del Eclesiástico. Quiero recordarle el versículo 31. Es para usted: "Aquellos que me hacen conocer tendrán la vida eterna".

Una frase de su libro me sensibilizó mucho: "Siento nostalgia de un hecho que no he vivido".

Su libro, Biba, me hace sentir nostalgia del cielo, que aún no he experimentado, mas lo puedo vislumbrar en la mirada llena de paz de esa madre querida a la que usted me ayudó a amar aún más.

¡Gracias! Dios la bendiga por intercesión de nuestra Madre.

Padre Antonio María

¿QUIÉN ES ESTA MUJER
VESTIDA DE SOL?

"*Una gran señal apareció en el cielo: Una mujer vestida de sol, la luna debajo de Sus pies, y una corona de doce estrellas en la cabeza; estaba embarazada y gritaba en trabajo de parto, en dolores para dar a luz*".

Apareció también otra señal en el cielo, y he aquí un dragón grande, rojo, con siete cabezas, diez cuernos y, en las cabezas siete diademas.

Su cola arrastra la tercera parte de las estrellas del cielo, las cuales lanzó hacia la tierra; y el dragón se detuvo ante la mujer que estaba para dar a luz, para devorar a su hijo cuando naciera.

Nació, pues, un hijo varón, que habría de regir todas las naciones con cetro de hierro. Y su hijo fue llevado para Dios hasta su trono.

La mujer, sin embargo, huyó hacia el desierto donde Dios le había preparado un sitio para que en éste le dieran sustento durante mil doscientos sesenta días. Surgió una pelea en el cielo. Miguel y sus ángeles lucharon contra el dragón. Pero vencieron. Y fue expulso el gran dragón, la antigua serpiente que se llama Diablo y Satanás, el seductor de todo el mundo. Fue lanzado a la tierra y con él todos sus ángeles.

Entonces vino una gran voz del cielo, diciendo que celebraran la victoria y la salvación a través de la fuerza divina; sin embargo, la tierra tendría muchos problemas porque el Diablo bajó lleno de ira y furor.

Cuando el dragón se dio cuenta de que estaba en la tierra, se llenó de odio contra la mujer y decidió perseguirla.

Dios le dio a ella dos alas de gran águila para que volara hasta el desierto, su sitio, ahí donde es sostenida durante un tiempo, dos tiempos y mitad de un tiempo, lejos de la mirada de la serpiente.

La serpiente lanzó de su boca un río de agua atrás de la mujer para que ella fuera arrebatada por la corriente.

La tierra, sin embargo, socorrió a la mujer; y la tierra abrió la boca y tragó el río que el dragón había lanzado con su boca.

Se llenó de furia el dragón contra la mujer y fue a pelear con el resto de sus descendientes, los que guardaban los *mandamientos de Dios y daban testimonio de Jesús; y se paró sobre la arena del mar."* Apocalipsis 12.

Tal vez usted nunca haya leído estos pasajes, pero ellos están en las Sagradas Escrituras.

¡El sentido figurativo es tan hermoso y tan fuerte! Una mujer vestida de sol, con dos alas de gran águila para que volara hacia el desierto, su sitio, ahí donde es sostenida durante un tiempo, dos tiempos y mitad de un tiempo, lejos de la mirada de la serpiente.

Dios regaló a cada mujer su fuerza suprema... ¡nos dio alas de águila y nos vistió de sol! Nos regaló la certeza de un puerto seguro para que nos refugiáramos de tiempo en tiempo. Un desierto para que pudiéramos recargar nuestras energías, para encontrarnos con las verdades del corazón.

Las atribulaciones continúan "paradas, en la arena del mar", acechando.

La pelea es dura pero la fuerza es grande. Los dolores del parto son difíciles de soportar, pero dar a luz supera cualquier calamidad.

Dios nos dio a María como ejemplo de fuerza y garra.

Ella está entre nosotros, amorosa, llena de bendiciones, gloria y luz. Sembrando la paz, unificando los pueblos, como lo hizo en México con los hispánicos e indígenas, como lo hace hoy al Oriente de Europa, donde más de 15 millones de personas estuvieron en peregrinación para oír Sus mensajes.

La mujer vestida de sol apareció por todas partes: Italia, Brasil, Alemania, Bélgica, Holanda, Suecia, Suiza, Francia, Bolivia, Ecuador, Venezuela, Argentina, Costa Rica, Guatemala, Chile, Checoslovaquia, Turquía, Israel, Polonia, Egipto, Japón, Síria, Líbano, China, Corea, Kenya, India, Ucrania y Estados Unidos.

María viene a anunciarnos el nacimiento del divino niño, que habita en cada uno de nosotros. María es el ejemplo de la perfecta incorporación de Dios, de las verdades de Jesús Cristo. La mujer vestida de sol viene a anunciarnos que lo que tanto buscamos es un hermoso tesoro escondido dentro de nuestro corazón. María rescata valores, nos orienta cómo afrontar los cambios que Sus mensajes pronostican. Cómo convertirse, cómo encontrarse, cómo vivir una nueva conciencia.

**Vístase de sol, apodérese de sus alas de águila, sea usted hombre o sea mujer, y crea:
¡Usted es luz!**

Capítulo 1

SU TESORO INTERIOR

Es importante que estemos presentes, con los pies sobre la tierra, con ojos extasiados de niño, contemplando las maravillas del mundo, del renacimiento y de la vida eterna.

Y que tengamos alas de ángeles para volar más arriba de las mezquindades del mundo.

Tenemos la oportunidad de romper estándares, resquebrajar las costras, abrir los corazones.

Es necesario romper el cemento de los corazones endurecidos, para que de ellos broten tesoros: zafiros, diamantes, rubíes, turmalinas, turquesas, todas las preciosidades que están escondidas en nuestros corazones.

En fin, somos herederos del Padre, no estamos separados del todo. Somos Hijos e Hijas de la Luz.

¿Podemos realmente cambiar las cosas en nuestro mundo?

Todo lo que hacemos afecta directamente al planeta. Basta un momento de aceptación con el corazón abierto, y nuestra tierra se transforma. Parece exagerado, ¡mas crea en eso!

Todos aquellos que respiran esa atmósfera, inspiran luz.

La fotografía de la Tierra sacada desde el espacio sideral puede haber sido la imagen más significativa para la evolución de la conciencia humana en el Siglo XX.

Intente imaginar la visión que los astronautas tuvieron de la Tierra por vez primera: Una isla sagrada en medio de un océano de oscuridad, un globo azul marino iluminado por el sol, con espirales de nubes y una ténue demarcación de los continentes.

Uno de los astronautas, el primero en salir de la nave para probar un sistema de supervivencia, quedó suelto en el espacio durante cinco minutos no programados, esperando el cambio de una cámara. El se sostuvo de un peldaño de la escalera y miró hacia la Tierra.

"En aquel momento, yo estaba literalmente representando a todos los habitantes de la Tierra. Mi atribución era absorber aquella experiencia de mirar hacia la Tierra desde el espacio sideral. No intenté procesar mucho lo que veía. Sólo busqué abrirme completamente... Desde entonces he pasado mucho tiempo intentando integrar aquellos cinco minutos al resto de mi vida y buscando comprender realmente lo que eso significa para todos nosotros".

Haga usted también su parte. Establezca la gran diferencia, no espere a los demás. Una persona que se ilumina irradia fuerza y luz en un rayo de más de un kilómetro. Usted es un pilar de luz y puede propagar Buenas Nuevas para contagiar este bello planeta azul y blanco que es la Tierra, esta esfera brillante con su silueta destacada contra el negror del espacio, esta visión magnífica.

Jesús, María y los ángeles están reclutando entre nosotros a Sus mensajeros para que, juntos, transformen el mundo. Para que esa joya cintilante llamada Tierra continúe brillando intensamente. Nosotros somos muchos, estamos en todas partes y cada vez más estaremos cerca el uno del otro.

¿Por dónde empezar?

Hoy es un día perfecto para empezar a celebrar su naturaleza angelical.

Permítase sentir a Dios tocándolo, el placer de su corazón explotará en millones de estrellas cintilantes. Usted será capaz entonces de sentir un revuelo de hermosos ángeles, y es probable que en ese momento, su mente y su corazón estén abiertos para comprender el llamado de Jesús.

Buenos días, buenas tardes, buenas noches

"Cuando usted se levantó esta mañana Yo había preparado ya el sol para calentar su día y el alimento para su nutrición. Sí, Yo alisté todo eso mientras vigilaba su sueño, su familia y su casa. Esperé su saludo de 'buenos días' pero a usted se le olvidó...

Bueno, usted parecía tener tanta prisa que Yo lo perdoné. El sol surgió, las flores ofrecieron su perfume, la brisa de la mañana lo acompañó y usted ni siquiera percibió que Yo había preparado todo eso. Sus familiares le sonreían, sus colegas lo saludaron, usted trabajó, estudió, viajó, hizo negocios, alcanzó victorias, pero no percibió que Yo estaba cooperando con usted y lo habría ayudado más si usted Me hubiera dado la oportunidad...

Yo sé, usted corre tanto... Yo lo perdoné. Usted leyó

bastante, oyó muchas cosas, vio aún más y no tuvo tiempo de leer ni oír Mi palabra. Yo le quise hablar pero usted no paró para escucharme. Yo le quise aconsejar pero usted ni siquiera pensó en esa posibilidad.

Sus ojos, sus pensamientos, sus labios serían mejores. El mal sería menor en su vida. La lluvia que cayó por la tarde eran mis lágrimas por su ingratitud, mas también Mi bendición sobre la tierra para que no le falte el agua.

Se acabó su día. Usted regresó a su casa. Ordené a la luna y a las estrellas que volvieran la noche más bonita para recordarle Mi amor. Seguramente ahora usted va a decir 'gracias' y 'buenas noches'.

Psiu... Hola, ¿Me está oyendo? Ya se durmió. ¡Qué pesar! Buenas noches, duerma bien, Yo quedaré velando su sueño."

Capítulo 2

LA FUERZA DE QUIEN HABLA CON EL CORAZÓN

"¡Queridos hijos! Hoy deseo pedirles que empiecen a cultivar sus corazones como cultivan los campos. Trabajen para transformar sus corazones, a fin de que pueda habitarlos un nuevo Espíritu que proviene de Dios. Gracias por haber contestado a Mi llamada".

Nuestra Señora Reina de la Paz,
Medjugorje, 25/4/1985

"¡Queridos hijos! Hoy, nuevamente deseo invitarlos a la oración. Cuando ustedes rezan se vuelven más hermosos: Como las flores que, después de la nieve, muestran toda su belleza, y todos sus colores se vuelven indescriptibles. Así también ustedes, queridos hijos, después de la oración se vuelven más bellos ante Dios y más queridos por Él. Por eso, recen, abran su corazón al Señor, para que Él haga de ustedes un ramo de bellas flores para el Paraíso. Gracias por haber contestado a mi llamada".

Nuestra Señora Reina de la Paz,
Medjugorje, 18/12/1986

Corazón de madre significa Amor incondicional

María está entre nosotros para mostrarnos la inmensidad del amor de un corazón de madre. Y Jesús nos dio a Su madre, para que juntos pudiéramos caminar en las bendiciones del amor incondicional.

AMAR a nuestros semejantes de manera incondicional.

Yo sólo aprendí a amar aún más a mi madre y a respetarla, el día en que tuve a mi hija y comprendí esa inmensidad y magia.

Sintiendo el pulsar de la verdadera esencia de la vida volviéndose realidad dentro de mí, empecé a valorar la intimidad y la proximidad que pueden tener dos personas que vivieron intrínsecamente unidas por un cordón umbilical. Aunque las ideas puedan ser divergentes, la fuerza del amor está latente y debe superar cualquier diferencia.

El día en que nació mi hija Ana Thereza, sentí una gratitud enorme por el privilegio de dar a luz y por haber recibido de Dios la dádiva de ser la tutora de ese privilegio. En aquel momento mágico, todos los instintos afloraron y un calor recorrió mi cuerpo en el instante en que vi a mi hija por primera vez. Fue una carga energética fuerte y poderosa. El Espíritu Santo me llenó completamente con la bendición de un milagro divino. Agradecí la oportunidad de estar viva, de dar vida. Sellé, ahí, un compromiso con la alegría, el amor, la donación y la dedicación. Sentí la comunión con Dios y con los ángeles, con lo sagrado.

No existen palabras que puedan describir la grandiosidad de ese espectáculo que ocurre todos los días, por toda la eternidad y que preserva la especie y la naturaleza.

Existen, sí, muchos ángeles acompañando a cada ser que llega y parte de esta vida terrena.

Consagré aquel tesoro, aquella vida, que ahora dependía de mí, a la Virgen María. Pensé con profundo amor e intimidad en Aquella que había vivido todo lo que yo estaba sintiendo, y aún más fuerte, por ser la Madre de Jesús.

Quedé feliz al ver mi abundante leche, alimentando, dándole vida y fuerza a mi hija. Me acuerdo con ternura y cariño de mi sorpresa ante el sincronismo brillante de la naturaleza: Como un baile bien entrenado, mi leche brotaba en el exacto instante en que ella despertaba para mamar.

A pesar de nuestros cuerpos separados, nosotras dos estábamos unidas directamente. Esa unión puede durar toda la existencia, basta que nosotros nos entreguemos y nos dediquemos a ella. Actuando con corazón de madre podemos intuir varias situaciones, no sólo con nuestros hijos de sangre, sino con las personas en general.

Para eso, basta establecer una conexión con base en la energía del amor. El corazón de madre siempre está en línea directa con sus hijos, aunque vivan en diferentes ciudades por muchos años.

Madre, que de verdad es madre, siempre aparece o llama en el momento preciso. A través de la meditación y, sobre todo, poniéndole atención a nuestros movimientos y a los movimientos de los demás, podemos extender ese "corazón de madre" a todas nuestras relaciones. Ese es el secreto. En fin, ¡el corazón de madre no se equivoca! Es aquel donde siempre cabe uno más y está siempre listo para oír, mecer, arrullar, jugar, proteger.

Proteger...

Ese es un punto muy interesante en mi aprendizaje como madre.

Una vez tuve una clase observando a mi hija, con poco más de 2 años, luchando para colocarse el pantalón de la tanga en una verdadera batalla: Ella levantaba una piernita y caía, y cuando conseguía encajar una pierna, ¡pumba al piso! Con su poca práctica y coordinación, sacaba la otra pierna y caía de nuevo. Después de tantas tentativas, mi voluntad era sencillamente colocarle la tanga, un hecho tan sencillo y habitual. Pero ella insistía ferozmente en su lucha para conquistar la independencia, diciendo que quería hacerlo todo solita.

Fueron incontables caídas; colocó del lado contrario, sacó, recomenzó, intentó nuevamente durante una buena media hora.

Fue ahí donde percibí que, como madre, es necesario encontrar el límite para saber hasta dónde ayudar al hijo sin molestar su crecimiento. Después de todas las tentativas,

¡mi hija finalmente lo consiguió! Fue el mejor día de aquel verano; en la playa, ella parecía percibir, triunfante, su victoria y mostraba orgullosa su tanga, un poco torcida y enrollada, pero colocada por ella misma.

Innumerables veces las madres, para proteger a sus hijos, intentan resolver problemas sencillos para ellos, pero que son fundamentales para su aprendizaje. María, sábia como es, confía en nosotros. Su paciencia, compasión y misericordia son infinitas.

Sabemos que Ella está a nuestro lado, observándonos colocar "nuestra tanga" y superar obstáculos, feliz y orgullosa como toda madre con cada conquista del hijo.

Y lo que Ella espera de nosotros es que aprendamos, de una vez por todas, a amar incondicionalmente.

María respeta el tiempo interno de cada uno de sus hijos, conoce a cada uno de nosotros, nuestro temperamento, nuestras virtudes, nuestras fallas. Camina a nuestro lado y, siempre que sea necesario, podemos conversar con Ella, solicitar Sus consejos, cambiar experiencias, abrir nuestros corazones. Sepa escuchar, perfeccione su conexión con nuestra Madre Divina.

¿Usted ya observó cuántas veces por día los hijos llaman a su madre? ¡Parece que este nombre tiene miel! Experimente y cuente.

Y la madre siempre contesta, ¿verdad?

¡Imagine si María, nuestra madre universal, no contestara nuestras llamadas!

¡Vamos, Ella está esperando por usted!

ᴈ Esencia femenina

*P*iense en una suave brisa, en el olor del nardo, en cabellos limpios y sedosos, en una boca roja, piel traslúcida, en una mirada misericordiosa, en la suavidad, levedad, compasión, entrega, comprensión, dulzura, ternura, belleza, gratitud, gracia e intensidad, presencia resoluta, en la sonrisa.

Deje que su mente pasee en la esencia femenina y póngale cuidado a lo que esa energía pura le dice.

Curioso es que, al sentarme aquí, frente al computador, la primera imagen femenina que me vino a la cabeza fue la de una mujer corriendo, jadeante, para allá y para acá, como el conejito de Alicia, despeinada para dar cuenta de todo, de los hijos, del marido, de la casa, del trabajo. Quedé agotada sólo al pensar en esta imagen.

Intenté cambiar de canal como hacemos con el control remoto del televisor. Frenéticamente, mi mente paseó por varios estereotipos enlatados: Ejecutivas vestidas para matar, altas, delgadas, gordas, chistosas, amas de casa, las *marines* que fueron a la Guerra del Golfo, las sin-tierra, las *sexis*, las lobas, las mandamás, las queridas, las modernas... las eternas.

Observé atenta ese bien editado *video clip* que desfilaba en mi cabeza. Pensé en las mujeres que admiro, en las mujeres que me rodean, en las que amo y también en aquellas que cuestiono.

Sin embargo, mi corazón sólo quedó totalmente sensibilizado por la pura esencia femenina cuando sentí el fuerte lazo que nos une a todas nosotras: El amor incondicional, la preservación de la especie, la entrega, la donación infinita, la MATERNIDAD.

Fui invadida por un profundo sentimiento de gratitud.

Para que yo pueda estar aquí, escribiendo, y usted ahí, leyendo, nosotros y toda la humanidad necesitamos del vientre de una mujer para dar forma a los pensamientos de Dios.

Joseph Campbell, en *El poder del mito*, define bien la sabiduría femenina, la donante de formas:

"Ella es quien da vida a las formas y sabe de dónde estas provienen. Provienen de aquello que está más allá de lo masculino y lo femenino; de aquello que está más allá del ser y del no ser. Aquello que al mismo tiempo es y no es.

Ni es, ni deja de ser. Está más allá de todas las categorías de la mente y del pensamiento.

La mujer da a luz, así como de la tierra se originan las plantas.

La madre alimenta, como lo hacen las plantas. Así, la magia de la madre y la magia de la tierra son la misma cosa. La personificación de la energía que da origen a las formas y las alimenta es esencialmente femenina".

Las mujeres poseen una comunicación y un lenguaje especial, lleno de silencios, gestos, miradas, expresiones, movimientos serenos del alma y de los sentimientos. Nosotras sabemos que sabemos. También sabemos que no conocemos lo que sabemos.

Esa es nuestra complicidad, la popular "intuición femenina" que nos acompaña y que, debido a la modernidad, desechamos en nombre de nuevas técnicas, nuevos caminos y conocimientos. Y, por que no decir, de las desconfianzas generadas en el mundo de hoy.

Pensar en María y en Sus movimientos no deja de ser un rescate de valores y hasta un cuestionamiento de la posición de las mujeres.

Estamos viviendo una transformación general, en el umbral de un nuevo ciclo, tiempo de rescatar, repensar para ver lo que va a quedar.

NECESITAMOS REVIVIR LAS CARACTERÍSTICAS FEMENINAS BÁSICAS: LA DONACIÓN, LA CREATIVIDAD Y LA COLABORACIÓN, EN LUGAR DE LA COMPETICIÓN PARA SOBREPASAR FRONTERAS. MARÍA VIENE A CONFORTARNOS, A ALENTARNOS. VIENE A RECORDARNOS LO QUE YA ES CONOCIDO, VIENE A POTENCIALIZAR NUESTRA FE Y LAS ESPERANZAS DE LA CONTINUIDAD DE LA PAZ Y DEL AMOR ETERNO.

María es la victoria de Dios sobre el mal

"Entonces, el Señor Dios le dijo a la serpiente: 'Por haberlo hecho serás maldita entre todos los animales domésticos y entre los animales feroces de los campos. Te arrastrarás sobre tu vientre, te alimentarás de tierra todos los días de tu vida. Haré que reine la enemistad entre la mujer y tú, entre tu descendencia y la de ella. Ella te estrujará la cabeza cuando intentares morderle el talón'". (Génesis 3:14-15).

Desde el inicio de la humanidad María recibió de Dios el poder y la misión de herir la cabeza de la serpiente maligna. Dios le dijo a la serpiente: "Pondré enemistad entre la mujer y tú, entre tu descendencia y la de ella. Ella te herirá la cabeza y tú le herirás el talón".

Así como el pecado entró en el mundo por medio de la mujer, también la salvación habrá de llegar a la humanidad por la mujer.

Y esta mujer, la nueva Eva, la nueva Virgen, desde toda la eternidad Dios escogió que fuera MARÍA.

Por eso, cuando Jesús se dirige a Su madre y La llama "mujer" en lugar de llamarla Madre, en Caná y a los pies de la cruz, es para indicarnos cuál es la MUJER a la que Dios se refirió en el Génesis.

Esta MUJER es Su madre, la Virgen MARÍA.

Momentos antes de morir en la cruz, Jesús nos dio a Su madre para que fuera nuestra madre y le dijo a Ella: "Mujer he aquí a Tu hijo".

Dios utilizó a María para burlar la sagacidad de la serpiente.

Esta es la causa por la cual el Hijo de Dios se manifestó: Para destruir las obras del demonio.

San Pablo nos advierte que Satanás se transforma en ángel de luz, es decir, el lobo con piel de cordero. Y es así que él hace mucho daño en la vida de las personas. El es sagaz y muy inteligente, por eso no subestime ese enemigo. Es necesario estar muy atento, vigilante, perseverante. De ahí la importancia de rezar, de estar concentrado y atento, manteniendo una actitud impecable. Si usted no quiere mojarse, no salga a la lluvia sin protección, pues nadie puede vencer una batalla sin munición.

Por lo tanto:

"ORAD Y VIGILAD"

Palabras de Jesús

Durante mucho tiempo yo misma no creía en el demonio, en Satanás. Mi ánimo elevado y mi positividad, siempre me hicieron creer que el bien y el mal dependían únicamente de la persona, de la manera como cada uno afrontaba su vida. Y que el cielo y el infierno son responsabilidades de nosotros mismos, dependiendo de nuestro estado de espíritu y motivación. Claro es que eso tiene sentido, es toda una cuestión de opción, como ya mencionamos.

Sin embargo, cuando empecé mi trabajo sobre María, observé que existen también las fuerzas externas a nuestra voluntad. Tuve varias pruebas de que la energía del mal está presente, que esa lucha, la cual nosotros no vemos, ¡sí existe! El maligno no viene vestido de malo. ¡Es el lobo en piel de cordero! El mal viene hermoso, seductor, inteligente, embriagante, y nuestra mente racional nos "impide percibir la verdad".

Satanás es tramposo y lleno de astucia.

Por eso María nos pide tantas veces: Presten atención a sus corazones. El corazón no miente. Permítanse oír sus intuiciones, ¡la voz de Dios!

La mayor trampa de Lucifer es hacer que las personas piensen y actúen como si él no existiera. De esa forma la gente no se defiende de sus tentaciones y él pasa a actuar soberanamente, convirtiendo nuestra vida en un terrible círculo vicioso de miedo, angustia e inseguridad.

Entonces todo se transforma en caos, y usted no sabe explicar lo que está ocurriendo. Pierde su fe, se desanima, no cree en la fuerza del bien y evidentemente estará abierto a las intemperies del mal.

Por eso María está tan cerca de nosotros.

Ella viene para acercarnos a Dios. ¡Así que confíe en Ella y entréguele su vida! Actúe y haga su parte.

¿Existe algo que usted podría hacer?

Corra para apoyar el bien que está siendo hecho. Manifiéstese. No deje que el desgaste generado por el miedo lo convenza de que no es capaz y de que todo está perdido. Siempre existe algo que usted puede hacer.

Abra bien su corazón. No espere que la perfección sea el camino permanente en el cual usted ande, para sólo entonces celebrar. Siempre que encuentre una luz en la concha de la ilusión, ¡haga una fiesta!

Cuando sienta el sol brillando con ímpetu a través de las nubes, compre una docena de rosas y regálese a sí misma. Siempre que sienta ganas de bailar por las calles, no deje que nada lo impida. ¡Usted es luz! Permítase ser feliz".

El corazón de madre va más allá de la concepción y la procreación

En la historia de la humanidad observamos varias veces el milagro de mujeres estériles y hasta ancianas, recibiendo como una gracia de Dios la bendición de procrear un hijo. La esterilidad era considerada una gran vergüenza para la mujer en la antigua sociedad patriarcal judía. La mujer era respetada por lo que su vientre producía.

Ese milagro se repite por lo menos cinco veces en el Antiguo Testamento. Conozca la historia de esas guerreras en la batalla para conseguir generar un fruto en su vientre[1]: En una de ellas, el arcángel Gabriel anuncia a Zacarías la bendición: Isabel es agraciada con un hijo en la vejez.

---

[1] Sara, mujer de Abrahan (Gen 11, 30; 18, 10 y 57, 80); Rebeca, mujer de Isaac (Gen 25, 21); Raquel (Gen 29, 31; 30, 1), la madre de Sansón (JZ 13, 2); Ana, madre de Samuel (Ism 1, 2). Libros apócrifos nos cuentan que los padres de María también esperaron mucho tiempo hasta el nacimiento de la hija deseada.

En Judea, a pocos kilómetros de Jerusalén, vivía un hombre llamado Zacarías y su mujer, Isabel, descendiente de Leví, hijo de Jacob, y prima de María, que residía bien lejos, en Nazaret, en la Galilea.

A pesar de que se consideraban el pueblo escogido por Dios, las dificultades materiales de los judíos eran muy grandes. Cuando no encontraban medios para sobrevivir en sus tierras buscaban soluciones en otros sitios. Era un pueblo nómada, buscando la Tierra Prometida.

Así, la institución de la familia siempre fue el mayor patrimonio y seguridad para los judíos hasta los días de hoy. La familia significa el puerto seguro, lo que existe de más sólido para ese pueblo.

Zacarías e Isabel ya eran ancianos y aún no habían concretado el sueño de formar una familia y perpetuar su existencia a través de los hijos. Oraban y pedían a Dios la bendición de tener un hijo, mas aún no habían alcanzado esa bienaventuranza.

Un día, Zacarías estaba trabajando en el templo de Jerusalén. Los sacerdotes mantenían siempre prendido el fuego sobre el altar de incienso. Zacarías, según la costumbre, honraba al Señor quemando incienso mientras las personas rezaban con devoción frente al santuario.

En determinado momento, Zacarías lanzó un puñado de incienso sobre las brasas del altar y una densa nube perfumada subió hacia el techo del templo. Cuando la columna de humo se disipó, el viejo sacerdote vio a la derecha del altar un ángel del Señor. Se apoderó de él un gran temor, pero el ángel lo tranquilizó:

–¡No temas, Zacarías! Vengo a traerte una buena noticia. Tú e Isabel siempre desearon un hijo. El Señor oyó sus plegarias...

El ángel habló en voz queda, casi susurrando. Zacarías volteó la cabeza para espantar el susto. Se refregó los ojos, se atragantó y tartamudeó:

–Pero, yo estoy viejo... Isabel también... ¿Un hijo?

El ángel sonrió. Habló de nuevo, y su voz parecía el susurro de las hojas movidas por la brisa:

– Yo soy Gabriel y he sido enviado por Dios para servirte. Tú tendrás un hijo. El Señor Dios lo llenará del Espíritu Santo desde el nacimiento. Tú lo llamarás Juan. El anunciará al mundo la presencia del Hijo de Dios. Será fuerte y poderoso como el profeta Elías.

Zacarías preguntó:

–¿Cómo es posible todo eso? ¿Cómo puedo creer en lo que dices?

El ángel volvió a hablar, pero su voz ahora resonó como un torrente de agua. Gabriel ya no sonreía. Su mirada se volvió severa. El dijo:

–Porque no creíste en mis palabras quedarás mudo hasta el día en que se cumpla la promesa que te hice. Nada es imposible para Dios.

Zacarías abrió la boca y dijo:

–Pero yo no quería dudar del Señor...

Zacarías emitió algunas exclamaciones de miedo, espanto, turbación, pero de su boca no salió ningún sonido comprensible, él estaba completamente mudo. Intentó gritar, pero no lo consiguió.

Zacarías quedó asustado con la mudez, pero su corazón estaba contento. Aquella visión era de verdad un ángel del Señor, ahora él sabía que el ángel estaba diciendo la verdad.

El viejo sacerdote quiso alabar al mensajero celeste y lanzó sobre las brasas ardientes otro puñado de incienso. Una densa nube perfumada subió por la segunda vez. Zacarías esperó que la nube se disipara y miró hacia el lado derecho del altar, pero ya no vio al ángel.

Mucho tiempo después, saliendo del templo, intentó, por medio de gestos, dibujar el ángel en el aire, escandalizando a los devotos que nada entendían.

Pero Zacarías estaba tan contento que sólo esperaba que sus días de turno en el templo terminaran pronto para regresar corriendo a su casa y contar lo ocurrido a Isabel.

Algún tiempo después Isabel percibió que estaba embarazada, pero no le contó a nadie, pensando: "Finalmente el Señor me escuchó. Ahora no tengo más motivo para sentir vergüenza. ¡A mí, como a Sara, mujer de Abraham, el Señor me concedió un hijo en la vejez!"

La historia de Isabel pone en evidencia de manera especial el verdadero sentido de lo que llamamos *corazón de madre*. Lo más importante en la trayectoria de esa guerrera no fue sólo la gracia de concebir y engendrar un hijo, sino la recompensa por haber sido capaz de amar como madre durante toda su vida, aún sin jamás haber dado a luz un niño.

Así, las lecciones de María y Su amor incondicional de madre no se dirigen apenas a aquellas mujeres agraciadas con la bienaventuranza divina de engendrar un ser humano en su vientre, sino también a los hombres, niños, jóvenes, ancianos, en fin, a todas las personas que, independientemente de sus dotes físicos, pueden alcanzar una existencia con más LUZ a partir del momento en que escogen los caminos del corazón.

Semillas vivas: las mujeres seguidoras de Jesús

María acompañaba a Jesús en Su peregrinación. En algunas ocasiones se separaban durante algunos días, como cuando el Señor fue al monte Tabor (Mt 17,1) o cuando cuidaba de alguna conversión en particular. En esas ocasiones Nuestra Señora instruía y catequizaba algunas personas.

María, en Su corazón, tenía grabada toda la doctrina de Jesús, pero siempre Lo oía con la atención de una discípula nueva. Ella conocía bien las operaciones del alma de Su Hijo y veía que simultáneamente El predicaba y oraba interiormente al Padre para que la semilla produjera frutos.

Nuestra Señora conocía también a cada uno de los que asistían a la predicación de Su Hijo, el estado de gracia o de pecado de sus almas, los vicios o virtudes que poseían.

María trabajó intensamente para que todos pudieran progresar en la vida espiritual, no sólo a través de continuas oraciones, sino también con consejos y advertencias de madre y mujer. De este modo, Ella los nutrió y creó como gran Madre y Maestra.

Cuando los apóstoles y discípulos tenían alguna duda –evidentemente fueron muchas al principio– o sentían alguna tentación oculta, acudían a Nuestra Señora para que les explicara y los aliviara. La luminosidad de la mirada de María ablandaba los corazones y los confortaba a todos.

Jesús y María seguramente se complementaban y hacían un bellísimo trabajo juntos, unidos en el poder del Espíritu Santo y de la Divina Trinidad.

Mateo (27, 55), Marcos (15, 40) y Lucas (8,2), mencionan algunos ejemplos de mujeres seguidoras de Jesús, que contagiadas por Su amor profundo, se convirtieron en semillas vivas de las verdades de Cristo, transmitiendo de generación en generación todo lo que vivenciaron.

Nosotras, mujeres, somos las semillas vivas de la verdad de Jesús. Nuestro trabajo incansable como donantes de las formas de vida, continúa en la eternidad de todas las generaciones, a ejemplo de la gran Madre.

A veces olvidamos esa misión o no le damos la importancia debida. Cabe a nosotras la mansedumbre, la humildad, la sencillez y la quietud.

Muchas veces el trabajo de la conversión y de la restauración de la fe debe ser realizado silenciosa e invisiblemente. La fe no necesita ser ruidosa y efusiva, basta que la verdad interior de cada uno sea descubierta.

Jesús y María hablan tanto del Sagrado Corazón porque es ahí donde habita nuestro tesoro más precioso, donde están nuestras semillas de vida eterna. Es necesario recorrer el camino del corazón para que la energía de esas semillas sea liberada, de las raíces al tallo, de las flores a los frutos, y regrese a la tierra, abonándola, para que nuevos y frondosos árboles florezcan para siempre con la fuerza de quien habla con el corazón: El amor.

El Espíritu Santo contempló a las mujeres con un don especial: Su modo de ser femenino. Es difícil describirlo, pero todo el mundo conoce el poder de ese "modo femenino".

El es capaz de coger frutos inimaginables, traer a la superficie sentimientos olvidados y despertar sensaciones desconocidas.

Los ejemplos valen más que mil palabras. El AMOR sobrepasa todas las barreras, y nosotras, las mujeres, conseguiremos, sí, a ejemplo de María, abonar esas semillas.

Jesús está contando con cada una de nosotras para transmitir Su verdad con corazón de madre. Y es esto lo que El relata en esta hermosa parábola:

"Un agricultor salió para sembrar. Caminó todo el campo, esparciendo las semillas. Algunas cayeron en la carretera y no penetraron en el suelo, y luego sirvieron de alimento a los pájaros.

Otras cayeron en un suelo pedregoso y brotaron rápidamente, pero no echaron raíces; así, pronto se marchitaron y murieron.

Algunas semillas cayeron entre las espinas que bordeaban el camino. Brotaron pero las espinas no las dejaron crecer.

Finalmente, otras semillas cayeron en suelo bueno y fértil: Germinaron, crecieron y produjeron su cosecha de granos."

Jesús explicó el significado de esa parábola:

"La semilla es la palabra de Dios, que llega a diferentes oídos. Algunos, como el suelo reseco, tienen el corazón insensible. Otros, como el suelo rocoso, reciben la palabra de Dios con alegría, pero no permiten que ella eche raíces, abandonándola cuando los tiempos son difíciles.

Otros, como las semillas entre las espinas, reciben la palabra de Dios pero dejan que las preocupaciones, la ambición y el egoísmo la ahoguen. Sin embargo, existen los que son como el suelo fértil: Oyen la palabra de Dios y la conservan en el fondo de sus corazones. Estos entienden y siguen lo que Dios dice."

USTED ES EL QUE ESCOGE. PERSIGA LA SANTIDAD, LA IMPECABILIDAD, SEA FIEL A LOS PRINCIPIOS SAGRADOS, A LA LUZ DIVINA, CON LA FUERZA DE QUIEN HABLA CON EL CORAZÓN.

Capítulo 3

Vida de María

Acompañando la historia sagrada de la vida de María, podemos pensar que Jesús nos dio a Su Madre para que en Ella también Lo encontráramos.

Jesús designó a María para que iniciara Su Iglesia con sus apóstoles y que, juntos, esparcieran para Sus hijos Su amor infinito, Su doctrina y Sus verdades.

Quien conoce a la Madre también conoce al Hijo.

¿Quién era aquella niña...

...Que fue escogida para ser la madre de Dios? Dónde nació Nuestra Señora y quiénes eran Sus padres?

La historia que les voy a contar ahora no es reconocida como texto sagrado, pero consta en los antiguos manuscritos cristianos del Proto-Evangelio de Tiago. Muchos creen que ese texto trae la biografía de María.

Ana era una hermosa mujer nacida en Galilea, y Joaquín, su marido, un admirable hombre de fe, natural de Belén. A pesar de tener ya una edad avanzada, ellos mantenían la esperanza de que Dios los agraciara con un hijo.

Un día, durante sus fervorosas oraciones, Ana pidió con toda su fe, que Dios les concediera la bendición de generar un hijo. Prometió que si aquel milagro sucediera, ella y Joaquín darían su hijo, hombre o mujer, para servir al Señor para siempre.

Arriesgo al decir que en aquel instante Ana no imaginaba la magnitud de la gracia que les sería concedida. De repente surgió un hermoso ángel (¿sería el arcángel Gabriel?) y le contó a Ana que su pedido sería atendido. Meses después, Ana dio a luz a María, una niña que creció robusta, llena de salud y amor. Ana la amamantó hasta los 3 años, cuando Ella fue llevada al templo y allá permaneció hasta la edad adulta.

La vida de María siempre fue trazada con mucho amor y donación.

Sus padres, Joaquín y Ana, quienes esperaron tanto la posibilidad de tener esa única hija, nos dan ejemplos de amor incondicional de entrega y confianza en el Señor. Amaron mucho a esa hija, pero aún así permitieron que Ella siguiera los designios divinos, cumpliendo Su misión desde temprana edad.

¡Eso nos lleva a pensar en las innumerables formas de amor existentes! A veces, en nombre del amor, la gente controla, manipula, conduce, siente celos.

Ese pasaje, entre tantos otros de la vida de María, nos enseña el amor incondicional, la fe irrestricta, la consagración a los designios divinos. La entrega consciente y el aprendizaje práctico en nuestra vida no siempre son fáciles, requieren mucha atención, mucha dedicación. ¡Se necesitan ángeles para ayudar!

Pero, en fin, María es la Reina de los Ángeles y está a nuestro lado para enseñarnos a desarrollar un amor hermoso y para tornar el mundo mejor, lleno de buenas noticias.

José, el escogido por el Señor

El padre adoptivo de Jesús Cristo pocas veces aparece en los Evangelios y su muerte ni siquiera es mencionada. No existe registro de ninguna palabra suya. Sin embargo, él es el padre virginal del Hijo de Dios encarnado y cumplió la misión de proteger y educar al niño.

Dios quiso llevar al pie de la letra lo que había prometido y fue fiel a sus palabras: Enviaría al Mesías para la salvación y la redención.

El Hijo de Dios viviría entre los hombres, pero su venida no sería repentina ni deslumbrante.

El Hijo eterno de Dios nacería de una Virgen y Su concepción sería obra del Espíritu Santo. Tenía que ser así, pues no hubiera sido conveniente que existiera en la Tierra un hombre que, después de ejercer íntegramente la paternidad, pudiera ser llamado "padre del Hijo de Dios", lo que suscitaría dudas sobre la divinidad de Cristo.

Pero si Dios traería a Su hijo a través de la Virgen apenas por obra del Espíritu Santo, ¿qué sucedería con el honor del niño y el de Su madre si todos ignoraban ese misterio y milagro? ¿Y la Sagrada Familia?

¿La reputación de Aquél que venía a purificar al mundo de sus impurezas y de Aquélla que Lo había engendrado, no estaría por siempre asociada a la vergüenza? La Virgen no podría contar a todos lo que el ángel Gabriel le había dicho, era demasiado grandioso para parecer verdad... Está claro que Dios pudo haber enviado a Su hijo de mil maneras. ¡El todo lo puede! Podría ser a través de una voz venida del cielo:

"Este es Mi hijo muy amado" (Mt 17.5)... nacido de una virgen... podría añadir. Pero Dios prefirió otro camino, más sencillo y suave, para realizar grandes milagros.

Cuando Dios necesitó que alguien Lo representara en la Tierra, no encontró a nadie mejor que El para asumir esa inmensa responsabilidad.

¿Quién era ese hombre en quien Dios confiaba y de quien conocemos tan poco?

La breve descripción de José que encontramos en el Evangelio dice que él era justo. Esa justicia no significa apenas "dar a los demás lo debido"; es en verdad un conjunto de perfecciones que hacen que el hombre esté totalmente de acuerdo con la ley de Dios.

Padre no es sólo aquel que procrea un hijo y sí el que es cómplice del milagro de Dios, que acepta la crianza de los hijos de Dios, sean ellos adoptados, prestados, heredados o de otras uniones. Hijos del mundo.

José fue padre sin ni siquiera haber contribuido con su semen. Acogió aquel Hijo como si fuera verdaderamente suyo, sin importarle la manera por la cual llegó. José nos enseña compañerismo, entrega, dedicación, lealtad, amor incondicional. José es el ejemplo de quien habla con la fuerza del corazón.

Reverencie a todos los Josés que encuentre por ahí, medite sobre la grandiosidad de ese hombre que pasó casi imperceptible en esa gran historia.

MARÍA, bendita eres entre las mujeres

Pasaron seis meses desde que Zacarías, marido de Isabel, prima de María, recibiera la visita del ángel anunciando que ella sería contemplada con un hijo.

Dios envió Su mensajero, el arcángel Gabriel, transmisor de Buenas Nuevas, a Nazaret, una pequeña aldea de Galilea. Entonces, el ángel de la esperanza, el promotor de cambios, fue al encuentro de la hermosa María que tenía aproximadamente 16 años (según libros apócrifos).

A pesar de su intensa vocación religiosa, María dejó el templo pues había llegado la hora de casarse y constituir su propia familia.

Entre tantos candidatos para desposar tan hermosa muchacha, el elegido fue el carpintero José, descendiente del rey David.

Así, María y José empezaron a vivir los esponsales, una especie de noviazgo en el cual la pareja se prepara para el matrimonio. Ese tiempo duraba casi un año, y fue en ese período que Gabriel visitó a María. Al llegar fue luego diciendo:

–¡Alégrate mucho, favorecida! El Señor está Contigo.

–¡El Señor está Contigo! El Te llenó de gracia.

Una enorme claridad envolvió aquel momento sublime. María probablemente debió haber quedado muy impresionada con la fuerza de las palabras del ángel, hizo algunas preguntas, ponderó y, después, confiada, miró profundamente en sus ojos y dijo, con toda Su verdad:

–He aquí la sierva del Señor. Hágase en Mí según Su palabra.

La maravillosa sabiduría de los designios divinos

Al día siguiente de la Anunciación, cuando José fue a visitar a María no reparó en Ella el milagro ocurrido, a pesar de que Sus ojos brillaban aún más y Su aura centelleaba como nunca.

María nada le contó, no mencionó ninguna palabra que lo llevara a adivinar el secreto divino.

Ella dijo a José que quería visitar a Su prima Isabel pues sabía de su embarazo inesperado y tardío, y necesitaba ayudarla. Aunque José se sorprendiera con Su deseo de viajar inmediatamente y su corazón se entristeciera por la separación, él no hizo objeción alguna al largo viaje, ni Le exigió mayores explicaciones.

Algunos autores informan que él La acompañó. Isabel vivía, probablemente, en Hebron o Karen, en Judea, a unos cinco o seis días de viaje de Nazaret. Según Michel Gasnier en su libro *José el silencioso*, es poco probable que José hubiera dejado que María partiera sola, expuesta a los riesgos de un viaje de más de cien kilómetros a través de una región peligrosa, infestada de asaltantes. De cualquier manera, José cuidó de Su seguridad y La confió a familiares o a una caravana de peregrinos que se dirigía a Jerusalén durante la Pascua.

No hay dudas de que José no asistió al encuentro entre las dos primas ni oyó el *Magnificat* de María, pues, en ese caso, tomaría conocimiento del milagro y ahorraría los sufrimientos que vendrían.

María salió confiada a la carretera, llena del Espíritu Santo, radiante y extremadamente feliz. Quería compartir el secreto de Su maternidad con Isabel. Un impulso sobrenatural La animaba y agilizaba Sus pasos. ¡Cuando estamos felices, parece que flotamos, nos sentimos fuertes e imbatibles! ¡Así se sentía María esperando a Jesús!

Hay noticias de que Ella estaba tan inspirada, que a lo largo de ese camino, compuso los versículos del *Magnificat*. Los primeros meses de embarazo son momentos en los cuales la mujer se prepara para lo nuevo, su metabolismo cambia, produce nuevas enzimas, las hormonas se modifican, el humor se vuelve inestable y la mujer es dominada por fuertes emociones.

Una nueva vida se manifiesta para la mujer que espera.

María, dice el Evangelio, "acompañó a Isabel durante unos tres meses y después regresó a Su casa" (Lc 1, 56).

José esperó Su regreso lleno de ansiedad. Los días pasaban muy lentos pero una gran esperanza hacía que él soportara la falta de la novia.

Su entusiasmo en el reencuentro fue tan grande que él ni siquiera observó las señales de la maternidad en María.

Pronto empezaron las felicitaciones de amigos y habitantes de la ciudad, y su angustia también. No había cómo negar: ¡María traía un niño en el vientre!

San Agustín admite la hipótesis de que José cuestionó la conducta de María. ¿Estaría él sospechando de la honradez de Ella?

San Jerónimo lo defiende: "José, conociendo las virtudes de María, guardó silencio sobre el hecho cuyo misterio ignoraba".

Pienso que los seres humanos pueden equivocarse, por eso no condeno la hipótesis de que él hubiera sospechado de María. Todas las evidencias podrían llevarlo a eso: ¿Cómo su amada regresaba después de tres meses, sola y embarazada? ¿Por qué Ella no lo hizo partícipe de Su secreto? ¿Qué habría realmente ocurrido?

Ese es un buen ejemplo de confianza plena, con convicción: Acreditar en los divinos designios aunque todo lo lleve a pensar lo contrario. Si usted es fiel y realmente entrega su vida al Padre, podrá encontrar la verdad. Aunque todo parezca estar en contra suyo, no pierda su fe. Entregue su vida al Padre y espere, confiada, la respuesta.

Pero, ¿por qué María no le decía nada? ¿Por qué permanecía en silencio? ¿No tenía él derecho a saber la verdad? María podría tranquilizarlo con una sola palabra y reemplazar con una profunda alegría aquel mar de angustia.

Era necesario esperar. María sabía, en Su corazón, que aquella revelación también debería ser efectuada por Dios a José. Ella estaba segura de que el Señor hablaría en tiempo oportuno y, mientras esperaba, confió plenamente en la sabiduría divina.

Pero esa confianza no dejó de hacerla sufrir. María se dio cuenta de la enorme tristeza de Su novio y así vivió el primer misterio doloroso. En el ceño fruncido de José, en sus trazos aflictos y sombríos, descubrió un profundo e indescriptible desespero.

Dios nunca impuso a un alma tan santa y amada por El con tanto fervor, una situación tan difícil, tamaña provocación.

Durante días y noches el carpintero luchó para descifrar aquel enigma sin encontrar respuestas.

Primero pensó en interrogar a María y varias veces intentó hablarle, pero las palabras no salían de su boca.

José percibió, desesperado, que era necesario respetar a su amada y se decía a sí mismo: "Su silencio esconde un velo de misterio, que no me siento autorizado a levantar".

> Es bueno reflexionar sobre la sabiduría y la actitud de José. A pesar de todos los indicios contrarios, de todo su sufrimiento, aún así él se mantuvo digno, corajudo, respetando la privacidad de María. Aunque su hombría y vanidad estuvieran en juego, ni así José perdió la cabeza, no llevó a María ante los jueces. Su única salida sería conformarse y engañarse a sí mismo, colaborando con una situación sobre la cual no tenía el menor conocimiento.

La salida que él encontró, para proteger el honor de María y cumplir con la ley, fue separarse de Ella, no por despecho sino más que todo por respeto. Respeto por el misterio que no le fue develado. José pensaba devolver el anillo y retomar la dote que le había dado y después partir secretamente.

Tal vez lo acusaran de traición y deslealtad, pero antes eso que ser el acusador.

Esa fue una decisión extremadamente difícil, él pensó mucho, pero esa situación no podría continuar como estaba. Así, él prepara lo que desea llevar y se acuesta, preguntándole al Señor: "Señor, ¿por qué me abandonaste? ¿Por qué permites que yo sufra así?".

José es uno de los hijos preferidos del Señor. Fue elegido para ser el padre en la tierra del Divino Jesús. Es necesario que él sea marcado por la cruz, señal suprema de su redención.

Y ¿qué sería lo más valioso en la vida de aquel hombre? El amor que dedicaba a su amada. A aquella que, después de Dios, era el propio corazón de sus pensamientos.

Las penas, enviadas a nosotros, están relacionadas con lo que consideramos más precioso. Si su punto débil es el miedo a ser traicionado, téngalo por seguro que en su vida vivirá un duelo con ese tema. Esta será su pena, su cruz.

"Porque ocupas un sitio privilegiado en el drama de la salvación, debes participar en él a través del sufrimiento. No estarás presente, al lado de tu esposa, el día en que la cruz se elevará sobre el Gólgota, y precisamente por eso es necesario que conozcas y vivas por anticipado el misterio de Getsemaní y del Viernes Santo.

Por lo tanto, tranquilízate José. Un ángel estará listo a aparecer para alejar la espada, y Dios se alegrará con la aceptación de tu holocausto, sin exigirte que lo cumplas...".

Las señales y las respuestas vienen a través de los sueños. Usted también puede pedir a Dios que lo ilumine y envíe respuestas a través de sus sueños.

Lo viejo y lo nuevo: el uno no existe sin el otro

María e Isabel pasaron tres meses juntas mientras engendraban sus hijos: Juan y Jesús. Seguramente intercambiaron experiencias sobre los diferentes momentos que atravesaban, aunque estuvieran atravesando situaciones similares. Una iniciando su vida, la otra cosechando lo que sembró, ambas recorriendo sus caminos, buscando vivir los planes divinos.

Juan Bautista nació de padres viejos y sabios. Jesús nació de María, una exhuberante y joven mujer.

María posee el alma pura, el frescor de la tierna edad, el brillo de la juventud, el coraje ante lo inédito. Isabel, madre de Juan, posee una amplia sabiduría, mucha experiencias, muchas historias.

Eran seguidoras de los esenios, la secta más espiritual de aquella época. Ambas recibieron la visita del ángel, anunciando los cambios en sus vidas y abrieron sus corazones a lo sagrado.

Desde niño Juan fue educado para una vida sacerdotal. El alcanzó los más elevados grados de iniciación aún joven y más tarde fue llamado Mestre de la Justicia. Jesús antes del bautismo en el río Jordán, era llamado Mestre del Amor.

Juan Bautista representó ejemplarmente el Mestre de la Justicia. El no acató la justicia contenida en los Diez Mandamientos, sino la capacidad de autojuzgarse. El no necesitaba de reglas externas para arrodillarse ante Jesucristo. Juan abrió los caminos para Jesús y tenía plena conciencia de la evolución natural, según fuera anunciado.

La fuerza y el poder que adquirimos deben ser utilizados para orientar y ayudar al prójimo como a nosotros mismos. Todos somos facilitadores en el transcurso de la vida, independientemente del grado de evolución en que estemos. Siempre tenemos algo para aprender y para enseñar.

Es importante percibir, localizar cuál es el momento que estamos viviendo. ¿Cuál es el tiempo por el cual estamos pasando?

Es necesario estar atentos para no pelear con los molinos de viento, como lo hizo don Quijote incansablemente. Es necesario calmarse y percibir las lecciones y los caminos que serán recorridos. Dios nos manda Sus señales todo el tiempo.

A través de una espiritualidad bien esculpida y trabajada comenzamos a percibir y a reconocer, con apenas una mirada, quién es el mayor en sabiduría y en amor y merece ser seguido. Cuando Juan dice que no es merecedor de bautizar a Cristo, El le pide que lo haga. El uno reconoce al otro, sin importar quién es el mayor o menor. Están impulsando al mundo para que se desarrolle. Sin egoísmo ni envidia. Apenas aceptando el curso natural del eterno fluir: Dar y recibir.

Las hogueras prendidas en homenaje a San Juan simbolizan el fuego interior que necesitamos prender para iluminar y calentar nuestras noches de invierno. Quien no prende esa luz quedará en la oscuridad y se morirá de frío.

Las cometas de colores sueltas al viento, delizándose en el cielo durante las fiestas de San Juan, nos hacen pensar que aquel que no suelta su propia alma para volar hasta las nubes, no se alegra con el soplo de la sabiduría ni conseguirá andar solo.

Todo lo que hacemos exteriormente fortalece nuestro interior. María, Jesús y los ángeles son el eslabón que nos da ímpetu.

El amor de José y María

Según el Evangelio de San Mateo, después de la visión del ángel en el sueño, José recibió ampliamente a María en su casa y compartió con Ella todas las maravillas que ambos estaban viviendo.

María y José pasaron por penas que los unieron plenamente en un amor eterno sellado por las bendiciones divinas.

Según los historiadores, María usó el ajuar tradicional en Su matrimonio: Una túnica amplia de varios colores sobre la cual caía un manto que la cubría de pies a cabeza; debajo del velo, adornando el cabello cuidadosamente peinado, una corona de placas doradas.

Escoltando la litera de la novia venían los invitados vestidos de blanco y con un anillo de oro en el dedo mientras un grupo de doncellas precedía la litera, cada una de ellas con una lamparilla prendida en las manos; otras agitaban ramos de mirto sobre la cabeza de María.

Los habitantes de Nazaret, alertados por el sonido de las flautas y tambores, se agolpaban curiosos en las terrazas en ambos lados de la calle, a fin de ver pasar el cortejo y aplaudir a la novia. Ni siquiera sospechaban que Aquella era la elegida por Dios y que en su seno se estaba formando el Mesías.

José esperaba a María en la puerta de la casa, también vestido de blanco y con una corona de brocado y oro. Fueron entonces conducidos uno ante el otro e intercambiaron el anillo; después, se sentaron bajo un palio situado de frente a Jerusalén. María quedó a la derecha de José y nuevamente oyeron el contrato establecido durante los esponsales. A continuación, tomaron del mismo vaso que después fue roto delante de ellos, lo que significa que debían estar dispuestos a compartir tanto las alegrías como los sufrimientos.

A partir de ese momento José y María pertenecían el uno al otro. Estaban unidos ante Dios y ante los hombres.

José se sentía maravillado por haber sido escogido por Dios. Su amor por María crecía más y más.

NUNCA VIO EL MUNDO
UNA PAREJA DE ALMAS
TAN UNIDAS POR UN AMOR
TAN AUTENTICO. SE AMAN EN DIOS,
SEGURAMENTE, BAJO LA INSPIRACIÓN
DEL ESPÍRITU SANTO.
SU RELACIÓN ES LÍMPIDA Y CRISTALINA,
LLENA DE RESPETO, CONSIDERACIÓN,
ADMIRACIÓN, AMOR Y COMPAÑERISMO.

¡QUE BUENO SERIA SI TODOS
NOSOTROS PUDIÉRAMOS
VIVIR UN AMOR ETERNO
CON ESTA INTENSIDAD Y CERTEZA!

¿QUE TAL INTENTAR?

María da a luz a JESUCRISTO

Tan pronto José y María entraron a la ciudad de Belén, se presentaron a los escribas, que estaban rodeados por soldados de capas rojas. Presentaron entonces sus pergaminos con la genealogía de cada uno:

"José, carpintero, de la familia de David, su esposa María, de la misma familia..." Las personas que los asistían levantaban los ojos, curiosas: ¿Cómo los herederos de un linaje tan noble podían tener una apariencia tan humilde?

Después de prestar el juramento de fidelidad y pagar el tributo, empezaron a buscar alojamiento, lo que era prácticamente imposible pues la ciudad estaba repleta de extranjeros que habían llegado para el censo.

Pasaron por diversas hospederías y nada consiguieron. José se sentía angustiado pues sabía que María estaba cansada y que la hora del parto se acercaba.

Sin embargo, no se quejaban ni decían palabras amargas; todo lo contrario, se sentían incómodos por pensar que estaban siendo inoportunos. Por fin, alguien les indicó un abrigo provisional para que pasaran la noche: Una especie de gruta abierta en la roca similar a muchas otras existentes en las montañas calcáreas de Judea, que servía de establo para los animales y ocasionalmente de abrigo para los mendigos.

José se sentía responsable por aquella situación, pero María lo consoló y confortó, diciendo que el misterio de esa humillación correspondía a un designio del Señor; era necesario que Dios, para librar a los hombres de sus pecados, empezara dándoles ejemplo de desprendimiento.

José seguramente transformó el establo, barriendo el piso y preparando una cama de heno para que María se acostara.

Cuando Ella le dijo que parecía inminente la hora de dar a luz al Niño, él comprendió que, así como sólo Dios La fecundara, también debería ser El único testigo del alumbramiento.

Entonces Cristo nació durante la noche, como para hacer eco a la frase del profeta: "Sobre los que residen en la región de la sombra de la muerte, una luz se elevó". (Is 9,2).

ASÍ COMO LA PRIMERA EVA EN EL PARAÍSO PRESENTÓ EL FRUTO PROHIBIDO A ADÁN, MARÍA ENTREGÓ A JOSÉ, EN BELÉN, Y EN LA PERSONA DE EL A TODOS LOS HOMBRES QUE NECESITAN CURACIÓN Y SALVACIÓN, EL BENDITO FRUTO DE SU VIENTRE:

JESÚS

MARÍA:
la primera discípula de Jesús

Para describir los misterios que ocurrieron entre el Niño Dios y Su Madre Purísima, serían necesarios muchos libros. Aún así, sería imposible analizar la inmensidad y la riqueza que existían en las relaciones entre madre e hijo, especialmente entre la Madre de Dios y Su Hijo. ¡Cuánto intercambio, cuánto aprendizaje divino!

Solamente los mismos ángeles conocen el inmenso amor de María y Jesús. Ella lo amaba como Hijo del eterno Padre, pero Lo amaba también como a un hijo natural, generado en Su vientre.

Jesús era el más bello entre los hijos de los hombres, el más obediente hijo para Su Madre, el que más La honró y benefició, la elevó a la suprema dignidad entre las criaturas; La sublimó entre todas y sobre todas con los tesoros de divinidad.

Pienso en la influencia que María, con Su fuerza e integridad, ejerció en la formación de Jesús. Ella fue una gran batalladora, sobrevivió a varias pestes que asolaron su época, al calor, a la falta de recursos.

María también tuvo que pasar por incontables penas: El terror de la mortandad de los inocentes, ordenado por Herodes, la súbita pérdida de Su hijo por tres días y aún los viajes agotadores a los cuales la Sagrada Familia fue sometida. Las Escrituras relatan apenas algunas, pero seguramente ellos peregrinaban mucho.

Atenta y dedicada, María cuidaba a Su Hijo y Maestro y también a José, Su esposo. Hacía frente a todo con presteza y perfección, a las labores de ama de casa, de discípula y matriarca de la Sagrada Familia.

Pese a que creemos que la triple jornada –cuidar la casa, la familia y el trabajo– es una consecuencia de los tiempos modernos, Nuestra Señora ya estaba bien acostumbrada a ese ritmo.

Durante un largo período de Su vida, María fue la responsable de todo, inclusive de garantizar el sostenimiento de la familia ya que José cayó gravemente enfermo.

Cuando usted se sienta sobrecargada con tantas responsabilidades encima, pida ayuda a Nuestra Madre para que Ella le señale la mejor manera de dar cuenta de su tarea con amor, diligencia y rapidez.

María acompañaba el crecimiento y desarrollo de Su Hijo. La relación entre ambos era de mucha unión y complicidad y se fortalecía cada vez más.

Siempre que viajaban juntos para el templo, Madre e Hijo realizaban grandes prodigios en beneficio de las almas y convertían muchas personas al conocimiento del Señor, introduciéndolas en el camino de la vida eterna.

Todo era realizado de forma visible, pues no había llegado el tiempo en que el Maestro de la verdad (Jo 12,49) se manifestara.

✓ ¡Cuánta dádiva, Dios mío!

Cuánto bien hicieron sin siquiera mencionar quiénes eran... Pienso en la figura de esos dos iluminados encontrándose con almas sufridas, suplicantes, ávidas de amor y justicia, llenas de dolor.

Imagino el intercambio profundo entre esos dos grandes Maestros. Rey y Reina encarnados en la tierra, aliviando y curando. Pienso en la energía sublime de los dos elevando ofrecimientos al Dios Altísimo, aplicando sus conocimientos generosamente. Aliviando dolores, curando desamores.

Siento nostalgia de algo que no viví. ¡Gran suerte la de aquellos predestinados que estaban en el medio de este camino! Quedo aquí pensando cómo me gustaría que los dos me hubieran visitado aunque de incógnitos.

Inevitable no abrir su mejor sonrisa.

Una vez más María sopla sus buenos vientos sobre mi corazón y puedo sentirla cariñosa diciendo:

"Nosotros continuamos Nuestra peregrinación, mi querida, y estamos por todas partes, todo el tiempo, visitando a todos los que nos abren sus corazones. Aunque no Nos pueden ver, Nosotros estamos entre ustedes: Sientan y perciban Nuestra presencia".

El primer milagro de Jesús fue transformar el agua en vino para animar una fiesta de matrimonio. Que la sabiduría de esta hazaña nos inspire y esté siempre presente en nuestras almas: La búsqueda espiritual y la compasión, el entusiasmo y la alegría.

En fin, era la primera vez que El se mostraba al mundo como el Hijo de Dios.

Tres días después del encuentro de Jesús con Felipe y Natanael, Jesús, Sus discípulos y María fueron invitados a un matrimonio en Caná de Galilea. En aquella época, las fiestas de matrimonio a veces duraban varios días y la falta del vino era una falla grave en la hospitalidad. Y fue eso lo que ocurrió

Entonces, cariñosa y solícita, María reveló a su Hijo: "El vino se acabó".

Después Lo orientó: "Haga todo lo que El le diga".

Y fue así como Jesús transformó 180 galones –aproximadamente setecientos litros– de agua en vino.

En clima de fiesta y celebración, Jesús y María conversaban sobre la Alianza, la antigua y la nueva Alianza. Esa fue la primera intercesión pública de María.

La Virgen María está presente en los momentos cruciales de la ascensión de la conciencia humana. Entonces, este es un buen momento para que usted se pregunte cuál será el verdadero simbolismo del agua convertida en vino. ¿Qué puede usted transformar también? ¿Cuál es el milagro que usted puede hacer?

MARÍA
a través de los tiempos

La mayor de todas las Madres, y la más famosa de ellas, María, inspira más de dos mil millones de Salve Marías diariamente en el planeta.

Antes desconocida, Su personalidad creció y Sus apariciones en el último siglo de este milenio vienen a advertirnos sobre la necesidad de conversión, de oración y de meditación para que el mundo no se destruya a sí mismo a través de guerras estúpidas, de amenazas nucleares, del materialismo sin conciencia ecológica y de la falta de amor entre los seres humanos.

Sea en Lourdes, donde fueron cinco millones de personas para tomar sus aguas milagrosas, sea en Guadalupe, donde más de diez millones de fieles se arrodillaron para oír Sus consejos, sea en Medjugorje, donde Ella apareció aproximadamente diez años antes de la guerra emprendida por el gobierno servio contra el deseo de libertad de croatas y bosnios, Su mensaje siempre fue el de la Reina de la Paz, pidiendo PAZ y llorando por la desgracia que preveía.

El Concilio de Efeso, en el año 431 A.C., La proclamó Madre de Dios después de una discusión sobre la virginidad que duró dos siglos.

Efeso abrigaba al mayor templo en honor a la diosa Diana, o Artemis, y dicen que el pueblo gritaba: "¡Ella es la Diosa, Ella es la Diosa!".

Hoy, en Sus apariciones y profecías, Ella dice que Satanás está presente en el mundo bajo la forma de la discordia y de la guerra y siempre que perdemos la paciencia y quedamos furiosos contra alguien. Su mensaje en todas las apariciones es por la PAZ y por el entendimiento, conversión y unión.

María dice que el plan del mal es destruir, literalmente, el planeta Tierra con la ayuda de la estupidez humana...

Protectora, Nuestra Señora se convierte cada vez más en sinónimo de Madre. Desde que Jesús se elevó a los cielos, María continúa apareciendo y manifestándose para recordarnos que la bendición del Espíritu Santo está disponible para todos. Bastan un corazón puro, bondad y mucho amor. Es sólo querer verdaderamente.

Capítulo 4

LOS CAMINOS DEL CORAZÓN

En ese largo camino de la vida voy corriendo y no puedo parar con la esperanza de ser campeón, alcanzando el primer lugar." Maravilloso y enriquecedor, es el Camino de la Vida. Cuando lo estamos recorriendo surgen avisos y señales que indican el camino, los atajos, desvíos, etc. En esta parte del libro usted conocerá las virtudes que la mayor parte de la gente mantiene escondidas y que necesitan ser liberadas y cultivadas para que no se pierdan del camino del corazón.

En fin, Nuestra Señora, Jesús y los ángeles quieren que usted llegue a su destino.

En su cuaderno de notas, anote cómo usted puede vivenciar cada una de esas virtudes en su vida práctica. Usted observará que pequeñas actitudes hacen la gran diferencia.

¡BUEN VIAJE!

LIBERTAD

¡María es justamente una señal de libertad! Cuando el ángel Gabriel La buscó, Ella tuvo Su momento para escoger y libre albedrío. Una visión general define la libertad como independencia relacionada con todo lo que fuere externo y como un movimiento de autorrealización del propio ser; en el fondo, libre es la persona capaz de crearse sola, en una especie de movimiento inmante, sin dependencias.

USTED ES LIBRE AHORA.

¡LIBERTAD!!!
La verdad en nuestros corazones

Lo que los ángeles, María y todos los santos quieren de nosotros es que nos miremos interiormente y encontremos a Dios dentro de nosotros mismos. Por eso hay tantas manifestaciones, tantas apariciones, tanta literatura, tanto cuestionamiento. Esa comunión sólo ocurrirá en el día en que realmente nos conscienticemoscemos de nuestro Dios interno. El está muy cerca y es nuestro amigo, dándonos la oportunidad de encontrarlo, cada uno a su manera...

En este instante, María se manifiesta en todos los continentes de varios modos, con varios nombres diferentes, y Sus palabras esparcen esperanza, fe, conscientización, y, sobre todo, responsabilidad.

Cada uno de nosotros es responsable por conectarse con Dios de alguna forma. Volvemos a repetir: Los ángeles, María y los santos pueden interceder, auxiliar, confortar, facilitar este encuentro sagrado. Pero el encuentro con Dios es único y particular, y nosotros tenemos la libertad de escoger cómo hacerlo.

Solamente por eso María se entrega en un gesto de amor incondicional, en una actitud de alianza, porque sabe que Dios enriqueció gratuitamente Su vida, y de esa misma manera, Ella puede retribuir a todas las personas el estado de gracia, ofreciéndoles su vida.

María surge totalmente de Dios para ser Ella misma de forma plena: Dios La deja en manos de Su propia libertad, así como lo hace con usted.

"El viento es Mi señal. Yo vendré en el viento. Cuando sople el viento, sepan que Yo estoy con ustedes. Yo estoy, entonces, con ustedes. Estoy con ustedes en el viento. No les dé miedo".

Nuestra Señora en Medjugorje, Febrero de 1984.

CORAJE

La palabra coraje viene del *latín* cor, que significa CORAZÓN. COR = corazón; AGERE = actuar; CORAJE = actuar con el corazón).

Intente transportarse hacia el instante en que Jesús se entregó a aquellos que Lo perseguían y querían crucificarlo. Imagínese allá... Utilice sus cinco sentidos: Visión, audición, olfato, paladar y tacto. Si se siente preparado, intente también con su sexto sentido. Intente ver con su tercer ojo, el que queda entre sus cejas. ¿Qué fue lo que ahí ocurrió?

¿Estaría haciendo calor o frío? ¿Cómo era el escenario donde todo ocurrió? Observe la ira en la cara de los soldados, capturando a nuestro Salvador. ¿Cuáles eran los sentimientos que los impulsaban?

¿Cómo reccionaron los apóstoles, que acompañaron a Jesús en Sus lecciones y peregrinaciones, ante lo que veían? ¿Tuvieron miedo? ¿O se fortalecieron con el coraje del Señor?

Recordando los pasajes de Jesús, ¡es imposible que no nos contagiemos con Su grandeza y coraje!

¿Y qué es coraje?

¿Cómo obtener el tan deseado coraje cuando todo a nuestro alrededor nos atemoriza?

Coraje es una palabra que evoca imágenes de valentía, fuerza y audacia ante el peligro. Coraje significa mucho más que afrontar situaciones difíciles; es una cualidad que desarrollamos y que nos permite controlar o utilizar el miedo de una forma positiva.

Para controlar el miedo necesitamos ablandar el corazón y elevarnos más allá del sentimiento de prostración proveniente del miedo. ¿Usted ya observó cómo el miedo paraliza y, muchas veces, nos deja estáticos y en pánico?

El coraje se conquista paso a paso. No ocurre en un único instante; no nace con alarde y ostentación. El coraje es como los frutos: Exige un ritmo de maduración.

¿Usted ya vio un fruto verde caerse del árbol antes de que esté maduro? La naturaleza siempre nos da lecciones. Mantenga un botón de rosa cerca de usted y observe su evolución, su florecimiento, su plenitud.

En vez de desanimarnos cuando no alcanzamos claramente nuestros objetivos, cada acción que emprendemos hacia nuestras metas es como colocar cuidadosamente un ladrillo sobre el otro, construyendo lentamente, hasta el día en que nos damos cuenta de que la casa está concluida.

"Queridos Hijos, el mensaje que hoy les comunico, en nombre del Señor, es: Permitid que Jesús y Su mensaje realicen cambios en vuestras vidas. El nos está llamando para que con El hagamos una verdadera caminata, una caminata de Fe, que nos ha de exigir toda nuestra generosidad, entusiasmo y coraje.

CONSAGRACION

*M*ucho se ha dicho en estos últimos dos mil años sobre *consagración*, aún más ahora que estamos atravesando un período de muchos cambios.

¿Pero qué es consagrar?

Consagrar es ofrecer, dedicar, pactar en un encuentro muy personal, en un compromiso de fe.

Consagrar su vida es confiar en los dones divinos, es ofrecer, dedicar, recomendar, dar en las manos, servir, entregarse completamente.

Si usted está en sintonía, si realmente confía, no deben existir la ansiedad, la preocupación, el miedo, la incertidumbre, porque usted todo lo puede en Aquel que le fortalece.

Jesús fue muy claro en Sus enseñanzas, diciendo: "Haga su parte que Yo lo ayudaré".

Jesús nos consagró a Su Madre María. Y Ella es toda comprensión, llena de amor, complicidad, disponibilidad, compañerismo. Ella está entre nosotros, lista para ayudarnos, basta con que usted abra su corazón, hágalo ahora, Ella está ahí, justo a su lado.

Entonces, dedique todo lo que usted haga a la apreciación de los valores divinos. Si usted va a salir a trabajar, entregue su día, su vida, sus caminos a María. Consagre sus hijos, su esposa, su esposo, su jefe, a los cuidados de María. Si usted pone atención, al rezar el Padre Nuestro conscientemente, observará que está consagrando su vida siempre que diga: "Hágase Tu voluntad así en la Tierra como en el Cielo". De esta manera, uniéndose a las fuerzas supremas, los caminos se vuelven más claros.

En la Edad Media, no sólo las diócesis eran dedicadas a María, sino también naciones enteras, como Francia, Portugal, Austria, Polonia.

El Papa Juan Pablo II renovó la fuerza de la consagración al corazón de María, especialmente después de su atentado en mayo de 1981, cuando él manifestó, con mucha fe, haber sido protegido y salvo por la Virgen Santísima.

COMPROMETASE.
Comprometerse es un gran ejercicio de fe: pactar y construir con Dios fortalece, dignifica y amplía sus horizontes.

CONFIANZA

No coloque las expectativas de su vida en las manos de otra persona. Unase a la Luz divina y consagre toda su existencia y todos sus pasos al Señor, y hágase Su voluntad así en la Tierra como en el Cielo. Dese cuenta que la confianza fluirá naturalmente, sin grandes esfuerzos."

Palabras de Nuestra Señora en mi corazón.

La verdadera confianza no implica contar con los demás y tener la seguridad de que ellos colmarán nuestras expectativas. La verdadera confianza, en vez de eso, significa aprender a contar con nosotros mismos, lo que contribuirá a que aceptemos a los demás como son, y no por lo que queremos que ellos sean. Cuando usted cuente con los demás, no se apegue a los resultados; cultive la fe y nunca coloque todos los huevos en una sola canasta.

El amor es una energía renovable, pues él fluye de Dios. La confianza, por otro lado, es creación humana y sirve para unir a las personas con Dios, unas a otras y a todas las formas de vida en la Tierra.

La confianza se puede romper pero siempre puede ser recreada, pues el amor sobre el cual ella se fundamenta, continúa naciendo en las personas o en Dios.

La confianza empieza en una fuente y traspasa el ambiente. De modo que si usted vive unido al universo amoroso, ofrecerá a los demás la capacidad de cambiar y de curar a través de la construcción de puentes de confianza que atraviesan las olas del dolor humano.

Utilice su relación con María para aprender sobre la confianza y las relaciones con las demás personas, para aprender sobre el amor, la honradez, el crecimiento, la integridad y el desapego. Fortalezca su confianza con el Salmo 62 y el Salmo 4 para que Dios lo ayude a superar los momentos de angustia.

CONCIENCIA:
todo está interconectado

Todo, todo, todo en esta vida está interconectado y tiene sentido.

María quiere que estemos sintonizados con el todo, pues cada movimiento, por pequeño que sea, está conectado con el universo.

Con la conciencia positiva, no negamos al elemento negativo, tampoco intentamos manipular al universo para que haga lo que ordenamos.

En vez de eso, buscamos reemplazar los pensamientos negativos con pensamientos amorosos, y buscamos afrontar todo lo que ocurre como un estímulo para nuestro crecimiento.

A la medida en que nuestra conciencia avanza lo negativo hacia lo positivo y que nuestras percepciones se vuelven más amorosas y menos críticas, empezamos a atraer experiencias agradables y satisfactorias.

Cada uno de nosotros, como Guerrero de Luz, puede perpetuar esa doctrina de la verdad, del amor absoluto, de la fe.

Podemos esparcir la paz, podemos contagiar, ampliar y fortalecer esa cadena irrompible que se inició con la fuerza y la unión de personas que creían en un mundo mejor.

Acuérdese siempre de mantener una actitud impecable pues nuestros ejemplos valen más que mil palabras.

Tenga en mente que su ritmo tal vez no sea el mismo de aquel que lo está escuchando.

Observe si los demás captan su intención.

Conscientícese de los ejemplos que Jesús nos dio, explicando Sus principios a través de parábolas sencillas.

Observe la magnitud de la Madre Santísima y Su infinita comprensión de nuestras limitaciones. Reflexione sobre la manera como Ella se presenta a cada pueblo y como Sus mensajes son presentados.

COMPASIÓN

"Compasión, compasión, sufrimiento compartido, participación efectiva en el sufrimiento de la otra persona. Es el inicio de la humanidad. Y las meditaciones religiosas, se localizan apropiadamente a este nivel, el nivel del corazón".

Joseph Campbell, *El poder del mito*

Para estar unido a lo sagrado se necesita una actitud impecable, interna y externamente. Es necesario practicar aquello que se pregona. En vez de intentar enseñar a alguien la manera correcta de hacer algo, o pretender cambiar su comportamiento, busque dar ejemplos, viviendo y exteriorizando lo que usted quiere transmitir a través de palabras.

Para eso es necesario pacificar la mente, estabilizar los pensamientos y entonces buscar la sabiduría interior. Estamos hablando de compasión, un sentimiento absolutamente noble y distinguido.

No existe una única definición o traducción para la grandiosidad de esa actitud. Conocemos ejemplos extraordinarios de Jesús y Su Madre ante los momentos de dudas, debilidades y miedos por los cuales pasamos para vivir la pasión a lo largo de nuestra vida.

Mi objetivo no es enseñar, pero sí inspirar, por eso quiero que usted reflexione y llegue a sus propias conclusiones sobre lo que es la COMPASIÓN, cómo puede usted adaptarla a su diario vivir y lo que ella significa.

En el camino de Jesús y María existen valores y enseñanzas que deben ser revisados y comprendidos por cada uno de nosotros. En esa búsqueda y encuentro espiritual, recupere sus significados: Misericordia, piedad, compasión, mansedumbre, perdón.

Busque conocer el significado real de esas palabras. Es importante ponerle atención a su propia evolución y estar cierto, seguro y confiado. Este es el mejor camino para ampliar y sedimentar su fe, pues, cuando algo echó raíces en su corazón, no hay cómo vacilar.

Como Guerrero de Luz, evidentemente usted tiene mucho para inspirar y muchas buenas nuevas para propagar. ¡Ruegue a sus ángeles y a María que lo ayuden! Siempre es bueno recordar: un ejemplo vale más que mil palabras. ¡Viva la compasión!

COMPRENSION

Let it be – La ley de la no-resistencia
"When I find myself in times of trouble...
Mother Mary comes to me speaking
words of wisdom...
Let it be..."

BEATLES, LET IT BE
En los momentos de turbulencia... la Virgen María se acerca a mí diciendo palabras de sabiduría: Deje las cosas como están. Let it be...]

Los Beatles marcaron una época, innovaron, llenaron de gracia y alegría generaciones de todo el mundo. Sus baladas puras y románticas aún hoy nos enternecen e inspiran.

Si de un lado ellos cantaban la famosa *Help, I need somebody* [Auxilio, necesito a alguien] de otro lado nos apaciguaban el alma con Let it be [Deje las cosas como están], traduciendo al pie de la letra la canción de esos ángeles mensajeros en la cual encontramos el mensaje de sabiduría de Nuestra Reina.

Nuestra Señora nos pide calma, quietud y mansedumbre para aceptar nuestras misiones, como Ella misma lo hizo, así como Su Hijo.

A pesar de nuestro libre albedrío, cada uno de nosotros posee una lección para recordar, un plan divino para cumplir. Esa es nuestra jornada, no hay cómo evitarla. Cuando resistimos, cuando postergamos el aprendizaje, tarde o temprano El toca a nuestra puerta.

¿Quién de nosotros no encontró el mismo tipo de conflicto en situaciones, tiempos y escenarios diferentes? Por ejemplo, usted termina una relación y continúa amando a una persona con el mismo perfil.

¿No serán lecciones, experiencias que no aprendimos suficientemente, y por lo tanto, tenemos que repetirlas?

CUANDO ESTAMOS DESESPERADOS
POR RESOLVER UN CONFLICTO
MUCHAS VECES NUESTRAS EMOCIONES
SON TAN FUERTES QUE ES DIFÍCIL
ENCONTRAR LA SOLUCIÓN
MAS ACERTADA, LA MANSEDUMBRE
EN EL ALMA, LA AUTO-ACEPTACION.

LA PACIENCIA

Es la conciencia de Dios dentro de los corazones humanos

La paciencia y la disciplina pueden ser muy divertidas. Tal vez usted dude de eso, pero es verdad. La paciencia es una forma de calma.

Piense en algo que desafíe su paciencia. Ahora imagínese saliendo de esa situación con una expresión agradable en la cara, sencillamente observando. Busque el buen humor; con gran probabilidad él está comprometido. Pueden ocurrir a cada día diversas situaciones que lo dejan impaciente, como esperar que su llamada telefónica se complete, esperar haciendo cola, quedar bloqueado en un trancón, arreglar el despelote que el otro dejó en el baño antes de que usted entrara, en fin... ¡la lista es enorme!

¡Es necesario cuidar de la lengua! Las palabras tienen poder y cuando perdemos la paciencia quedamos descontrolados y hablamos aleatoriamente palabras que pueden herir. Esa no es la verdadera actitud de un Guerrero de Luz. Cuando eso ocurre, miles de chistosos cósmicos, ángeles caídos, sobrevuelan en el aire con sus carcajadas, victoriosos y felices, pues nos sometemos a sus gustos y caemos en sus redes. Punto para ellos.

Por lo tanto, cultive un poco su paciencia y calma en esas situaciones. Piense en la sabiduría de Jesús enseñándonos: "Los últimos serán los primeros".

Empiece a identificar paciencia con juego y buen humor. Descubra qué lo deja impaciente; identifique lo que usted espera y que le permitirá relajarse. Haga una lista de todas las situaciones que, usted imagina, lo harán más feliz, y cuándo sucederán. María, nuestra Madre, quiere oír y observar que la felicidad viene de adentro y que usted no puede depender de que otras situaciones u otras personas la traigan hacia usted.

Ahora, por favor, no empiece a preocuparse tanto con la paciencia, si no, está claro, ¡usted la perderá!! En esencia, descubra qué lo mantiene alejado de la verdadera paz, de la paz-ciencia.

Deje las cosas momentáneamente como están...

Entréguese a María, a Jesús y a los ángeles, ellos le están susurrando: cálmese, silénciese, deje las cosas como están...

Siéntese por algunos instantes, no se esfuerce por rezar, por orar, por concentrarse, por actuar compasivamente. Entréguese al Padre, a la intercesión de Nuestra Señora. Enfoque su atención apenas en su respiración, sienta el trayecto que ella está recorriendo.

No se resista: Entréguese. Siga el ejemplo de Jesús y de María.

En la Tierra nada puede resistirse a una persona absolutamente no-resistente.

CONSEJO DE MADRE

María habla sobre el camino del corazón

Todo es efímero y nosotros, mortales, estamos siempre intentando controlarlo todo, conseguir la estabilidad deseada, alcanzar la seguridad y tranquilidad, aprovechar mejor el tiempo, adecuarse a las situaciones.

Con tantas expectativas, acabamos generando una inmensa inseguridad y un amargo sabor de incompetencia, y hasta de impotencia ante las situaciones, lo que acaba comprometiendo nuestra fe.

En un momento de cuestionamiento hice una oración y sentí la respuesta de María:

"Préstese atención a sí misma. Manténgase íntegra, ámese primeramente a sí misma como creación divina. Respétese. Jesús fue muy claro en Sus enseñanzas: **AMA A TU PRÓJIMO COMO A TI MISMO.**

Si usted no sabe amarse a sí mismo, ¿cómo podrá amar al prójimo?

No es posible dar lo que no se tiene. Primero, todo ser humano debe cuidar de su propio cuerpo, de su alma, de su espíritu.

Esa no es una fórmula lista o una receta de ponqué que sirve igualmente para todos.

Mas, individualmente, cada uno debe añadir o suprimir ingredientes.

No quiera ser el salvador del mundo. Esté atento a las verdades que habitan en su corazón.

He aparecido de varias maneras, bajo varias formas y nombres, pero Mi mensaje es individual para cada ser de este planeta. Amese a sí mismo para poder amar al prójimo verdaderamente, siguiendo así las enseñanzas de Jesucristo.

El equilibrio es diferente a la fragmentación ocasionada por el miedo. Con conciencia los destinos pueden ser cambiados, aliviados, transmutados. Pero ese cambio sólo será efectivo si ocurre verdaderamente en sus corazones".

Las personas que se iluminaron llevadas apenas por el miedo no alcanzaron la paz de espíritu. En estos tiempos de cambios, muchas palabras serán proferidas, muchos maestros aparecerán, muchas cosas servirán para confundir y desviar las mentes.

El camino a la verdad es apenas uno: JESUCRISTO

Usted posee la luz. Cada uno de ustedes es luz. Hace parte del plan divino para que las personas no se pierdan. Y la única forma de coger por un camino que traiga la paz es oír a su corazón.

¡OIGA SU CORAZÓN!

El no miente. Busque su paz interior. Usted lo merece, usted nació para ser feliz. Confíe en Dios y crea que su corazón, y su intuición lo conducirán al camino de luz. Silencio, escuche lo que María le va a decir.

Capítulo 5

APARICIONES Y MENSAJES DE MARÍA PARA EL MUNDO

Es necesario creer para ver. Las historias referentes a las apariciones son tan antiguas como nuestra propia existencia. No debemos olvidar que, en los jardines del Paraíso, Adán y Eva recibieron la visita de Dios y de los querubines. Las Sagradas Escrituras describen estas apariciones innumerables veces.

A pesar de que no todas las apariciones de la Virgen María están reconocidas oficialmente, Ella se ha manifestado miles de veces, sobre todo en los días de hoy, en muchas partes del mundo, esparciendo Sus mensajes de fe, esperanza y PAZ. Conozca un poco más sobre las palabras proferidas por María a través de los tiempos.

Todos los nombres de MARÍA

¿Quiere decir que Nuestra Señora del Rosario es Nuestra Señora del Carmen, que a su vez es Nuestra Señora Aparecida, conocida como Nuestra Señora de las Gracias?

¿Cómo así? ¿Por qué?

Los niños de Fátima no sabían quién los visitaba, ¡ni siquiera sospechaban quién podría ser aquella bellísima Señora! Ella no se manifestaba, apenas decía que venía del cielo y que no tuvieran miedo. Marcó un encuentro para que volvieran por seis veces consecutivas, todos los días 13 de cada mes. "Después les diré qué quiero".

Nuestra Señora de Fátima escogió justamente a tres niños para aparecer y hablar en un lenguaje bien sencillo, a fin de que todos la comprendieran.

Sin embargo, cada uno recibió el mismo mensaje en forma diferente, comprendiéndolo de forma única y particular. Lucía era la única que veía, oía y hablaba con la Virgen, mientras Jacinta veía y oía, pero no podía hablarle y Francisco solamente veía, sin oír Sus palabras ni hablar con Ella.

Claro está que eso no es una simple coincidencia. Jesús y María poseen un plan especial para cada uno de nosotros. En Sus varias apariciones, María se manifiesta de maneras diferentes, adaptándose a cada uno de Sus escogidos.

Con Juan Diego, el indio azteca que recibió el don de verla, María fue directa, diciendo quién era y hablando el idioma indígena.

A través de las historias de las apariciones usted observará que los mensajes de María poseen el mismo contenido, las mismas intenciones comunicadas por caminos y formas diferentes.

La madre de Dios es una sola. Sin embargo, Ella quiere hacerse entender por todos. Observe que Sus confidentes son personas muy sencillas, niños e indios. Pienso que María los escoge porque sabe que serán capaces de entender lo que Ella les quiere decir.

María transmite Su verdad de manera accesible, Ella quiere ser comprendida. ¿Por qué Ella utiliza tantos nombres y se manifiesta indistintamente?

Supongamos que usted tiene tres hijos. A pesar de educarlos de la misma forma, cada uno de ellos es un universo propio, completamente diferente del otro.

El ritmo de la comprensión, el alcance del conocimiento de cada uno es particular. ¿Cómo resuelve usted la cuestión? Su mayor deseo como madre es que cada hijo suyo comprenda exactamente lo que usted está diciendo, el mensaje que usted está transmitiendo.

Con "aquella" manera tan especial que sólo una madre posee, usted encontrará el mejor modo de decir lo mismo a cada uno de ellos.

Por eso, quédese tranquila al escoger cuál devoción de María desea seguir. En el fondo la esencia es la misma. La grandiosidad de este inmenso corazón de Madre nos proporciona varios caminos que llevan a uno solo.

Entonces, si usted siente mayor afinidad y simpatía por Nuestra Señora del Perpetuo Socorro o Nuestra Señora de las Candilejas o aún Nuestra Señora de las Cabezas, cálmese, pues Ella sabe exactamente cómo llegar a donde usted. Y si ese es el camino a través del cual usted llegó, entréguese a Ella con mucho amor.

NUESTRA SEÑORA DEL PILAR
El piecito de la Virgen María

Nuestra Señora del Pilar es el más antiguo título de la Virgen María, pues surgió cuando María aún vivía en la Tierra, según relata María de Agreda en su libro *Mística ciudad de Dios*, obra clásica del Siglo XVII.

María continuaba en Jerusalén y preveía todas las penas por las cuales la Iglesia pasaría. Entonces, comentó con Juan lo que estaba por venir, las persecuciones y las prisiones de los apóstoles.

San Juan, para alejarla del peligro, decidió irse para Efeso, en los confines de Asia Menor, donde continuarían divulgando la doctrina de Jesús.

Un año y cinco meses después de la Pasión de Jesús, Tiago Mayor fue el primero en salir de Jerusalén. Después de pasar algunos días en Judea, embarcó para España donde encontró muchas dificultades en la evangelización. María sentía especial amor por ese apóstol y muchas veces lo arrulló con Su maravilloso amor de madre.

Según los escritos de la monja española María de Agreda, Nuestra Señora tendría recibido un aviso de Jesús para que, antes de irse para Efeso, fuera a encontrarse con Tiago en Zaragoza y le dijera que volviera a Jerusalén después de construir un templo en honor a María, para que Ella fuera reconocida en toda aquella región.

Así, una noche en que Tiago y sus seguidores dormían a la orilla del río Ebro, fueron sorprendidos por la visión de la Virgen María, una luz más brillante que el sol suspendida en el aire.

Nuestra Reina estaba cercada por un coro de ángeles que traían consigo una pequeña columna de mármol con la imagen de María. Ella bendijo a Tiago y dijo: "*Tiago, hijo Mío, este sitio fue escogido para que consagres un templo a Mi nombre*".

Cuando terminó de hablar, Nuestra Señora ordenó a los ángeles que colocaran la columna y sobre ella la imagen, en el mismo sitio en que estaban.

Pronto se elevó la columna con la santa imagen, los ángeles y los apóstoles reconocieron aquel sitio como la casa de Dios y la puerta del cielo. Tiago se postró en tierra y agradeció la bendición de María.

Antes de partir de Zaragoza, Tiago terminó la pequeña capilla, que dio origen a la inmensa Basílica de Nuestra Señora del Pilar.

El apóstol Juan no supo de ese pasaje de María hasta que su hermano Tiago volvió de España, y pasando por Efeso le contó sobre su misión y evangelización en aquel país, inclusive lo que había sucedido en Zaragoza.

María continuaba en la Tierra, peregrinando y divulgando la doctrina de Su Hijo, Jesús. En esa época muchos fieles ya estaban alcanzando gracias maravillosas en Su nombre y muchas formas de devoción surgían.

En el programa radial "Buenas noticias" de Brasil, por medio de oraciones en vivo, Sonia Abrao conversa con Nuestra Señora todas las mañanas en su programa. Diariamente, en la portería de la radio se reúnen decenas de fieles en búsqueda de auxilio. La oración y los pedidos se realizan al aire y pocos instantes después, las gracias empiezan a ser atendidas por los propios oyentes. Somos todos testigos de las varias gracias alcanzadas a través de la devoción al Piecito de la Virgen.

Medida del Santísimo Pie de la Bienaventurada Virgen María, Madre de Dios, tomada de un zapato de la misma Señora, que existe en el Monasterio de Zaragoza en Madrid.

El Santo Papa Juan XXII concedió 700 años de indulgencia a las personas que besaren 3 veces esta bendita medida y al mismo tiempo rezaren tres veces la oración Dios Te Salve María, alcanzarán aún a librarse de todos los males.

Confirmada por el Santo Padre Clemente VII en el año de 1604. Aquellas personas que la traen consigo estarán libres de muerte repentina.

Oración a la Virgen María

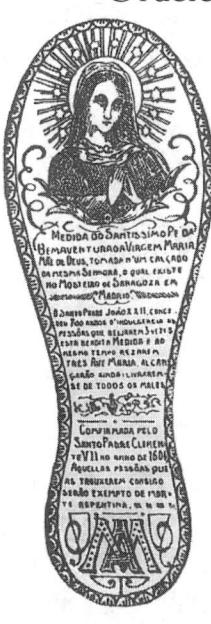

Oh! Virgen María, Madre de Dios y mi Madre, que cada día que bese Tu piecito pueda purificar mis pecados, perdonar a mis enemigos, aceptar a mis amigos con sus fallas y cualidades.
¡Oh! Virgen María, Madre de Dios y mi Madre, beso Tu piecito y Te pido salud para todos.
Beso Tu piecito y Te agradezco por mi familia.
Beso Tu piecito y tengo paz en mi corazón.
Amén.

¿Cómo nació la historia sobre el Piecito de la Virgen?

Una antigua devoción confirmada por el papa Clemente VII en el año de 1604, cuenta que las personas que besen tres veces el piecito de la Virgen y recen tres Avemarías estarían libres de todos los males. La medida del pie de la Santísima Virgen fue tomada de un zapato de Nuestra Señora que se encuentra en el Monasterio de Zaragoza.

Ahora que usted conoce el cariño especial de María por España, y el origen del Monasterio de Zaragoza, seguramente tocará ese piecito con más emoción aún.

BUENAS NOTICIAS:
¡Tierra a la vista!

María Santísima nunca deja de socorrer a un hijo que se entrega a Ella con toda confianza y perseverancia.

Un ejemplo marcado de esa verdad ocurrió con Cristóbal Colón, descubridor de América, en 1942.

El tenía una intuición muy fuerte de que más allá de los mares, otros continentes existían, y la idea de descubrirlos no salía de su cabeza.

Colón no conseguía los recursos necesarios para realizar el intrépido viaje por mares desconocidos, pues nadie creía en sus sueños.

El único aliento e incentivo para sus ideales venían del cielo y de María. Así, él se arrodilló ante la imagen de la Santísima Virgen en Sevilla, España, y rezó: "Al menos Vos, Señora del mundo, atiéndeme. Todos me desprecian. Nadie me quiere oír, nadie me quiere ayudar. Señora, ayúdame y Os prometo que al regresar de los continentes descubiertos, traeré aquí las primicias de las nuevas tierras".

Y la Señora de las Américas lo atendió.

Tres meses después Colón zarpaba con tres carabelas rumbo a los nuevos mundos que quería descubrir.

En agradecimiento a la Virgen bautizó a la nave capitana La Santa María.

Y el largo viaje por los mares desconocidos fue una verdadera epopeya de heroísmo bajo la protección de María, que impedía que las tempestades destruyeran la escuadra liderada por la Santa María.

Cuando los marineros desesperados se amotinaron y amenazaron acabar con la vida de Colón, la Virgen lo protegió.

Finalmente, al amanecer del día 12 de octubre de 1492 la nave capitana Santa María tocó el suelo bendito de las Américas.

Colón fue fiel a María, convirtió seis indígenas, cogió un poco del oro de la nueva tierra y regresó a Sevilla. Ante la misma imagen de la Virgen hizo su oferta: "Señora, prometí regresar y traer las primicias de las tierras que me ayudasteis a descubrir: Aquí están, son Vuestras".

Colón jamás hubiera llegado aquí, a nuestra América, hoy el mayor continente cristiano, sin el auxilio de Nuestra Señora y su propio coraje (actuar con el corazón).

> Crea en sus propios sueños, no se desanime. Hay muchos mares no navegados, mucho por descubrir. No haga caso de las mareas contrarias, no vacile, no dude de su fe. Entréguese a los ángeles, a María y a Jesús, y seguramente la bondad y la misericordia lo seguirán todos los días de su vida.

NUESTRA SEÑORA DE GUADALUPE

*L*es contaré una hermosa historia de amor: La historia de la Madre de las Américas, Madre de Dios, nuestra Madre, que desea la paz y la unión entre los pueblos.

Vamos a regresar al túnel del tiempo...

Es el año de 1519, cuando el conquistador español Hernán Cortez partió de la isla de Cuba con diez barcos y llegó con su ejército y los primeros misioneros españoles a Tenochtitlán, región que hoy corresponde a México. Encontraron una civilización organizadisima, con cerca de 350 mil habitantes, llamada Azteca.

En 1325 los aztecas fundaron la capital Tenochtitlán en una isla del lago Texcoco. La leyenda cuenta que ellos vieron un águila devorar a una serpiente, y aún hoy ese es el emblema nacional de México.

Los españoles quedaron sorprendidos con el elevado grado de civilización encontrado: anchas carreteras, bellísimos palacios, enormes pirámides, templos maravillosos (*teocalli*), una fuerte estructura religiosa, social, económica y política. El imperio azteca abarcaba desde el Golfo de México hasta las costas del Océano Pacífico y contaba con 9 millones de habitantes.

La moralidad era defendida con rigor y los ladrones, condenados a la esclavitud. En los hospitales los enfermos eran bien cuidados con plantas medicinales, pues la agricultura estaba muy desarrollada. Tenían excelentes conocimientos astronómicos y su cultura se fundamentaba en la filosofía, en la religión y en la literatura. Les gustaba expresar el sentimiento religioso a través del baile, la música, el teatro y las flores.

El carácter guerrero de los aztecas tenía origen en sus ideas religiosas. Ellos creían que los hombres eran creados con la sangre de los dioses. Así, hombres, niños, jóvenes o viejos eran igualmente sacrificados a los dioses. Miles de vidas fueron segadas de esa forma.

Los tenebrosos sacrificios ocurrían en la plaza central. Entre tantos templos piramidales, el más imponente era el destinado al dios Sol y al de la Guerra, *Huitzilopochtlifli*. Los sacrificios eran enviados hacia allá y colocados en un inmenso incensario.

Muchas batallas fueron emprendidas entre el pueblo que allá vivía y los españoles. Sangre y sufrimiento marcaron aquel tiempo. Diez años se pasaron desde la conquista de Ciudad de México. Los padres franciscanos ahí establecidos aprendieron el idioma *Nahuatle* y catequizaron a los indígenas. Fue en esa época que vino del cielo la señal de PAZ y AMOR.

En una mañana del sábado, 9 de diciembre de 1531, un indio recién bautizado con el nombre de Juan Diego, caminaba para asistir a la misa. Cuando estaba casi llegando al cerro de *Tepeyac*, escuchó una hermosa melodía que venía del alto del cerro. Buscó por todas partes, completamente embriagado por la armonía de aquel sonido. Entonces, oyó a alguien llamar su nombre dulcemente, como sólo una madre lo puede hacer: "Juanito, Juan Diego".

Caminó rápidamente hasta la cima del cerro donde encontró una joven señora vestida de sol. El quedó tan maravillado que cayó de rodillas ante la majestuosidad de la aparición: las hojas parecían esmeraldas, sus ramas brillaban como el oro. Las laderas rocosas se coronaban de pedrerías donde bailaban matices del arco iris que parecían fulguraciones de un fuego interno. El indio estaba sorprendido con la bella señora que hablaba con perfección su idioma.

> *"Entienda hijo Mío, que Yo soy la siempre Virgen Madre de Dios verdadero, en el cual vivimos, creador y autor del Cielo y de la Tierra. Es Mi deseo que se construya un templo aquí, en Mi honor, donde Yo derramaré amor, compasión, socorro y protección. Yo soy la Madre dadivosa. Atenderé sus lamentos y los consolaré en las horas de tristeza y sufrimiento".*

Juan Diego escuchaba atento las orientaciones de María diciéndole que fuera al encuentro del obispo de México y le contara todo lo que pasara. "Sepa hijito que estaré agradecida y que lo recompensaré".

Inmediatamente el indio muy emocionado fue al encuentro del obispo Don Juan de Zumárraga quien lo oyó con atención. Hizo varias preguntas y el indio fue fiel a los detalles en las innumerables veces en que repitió la misma historia. El obispo le dijo que pensaría en el asunto y a Juan Diego le comunicó que regresara dentro de pocos días.

Dieguito, afanado, fue directamente hacia el cerro, preocupado por no haber conseguido convencer al obispo con su historia y pidió a Nuestra Señora que encontrara otro mensajero pues sus palabras sencillas no fueron convincentes para explicar a un hombre tan culto la verdad que encontrara.

Nuestra Señora contestó:

"Hijo querido, usted debe comprender que existen muchos siervos de categoría a quien Yo podría confiar Mi mensaje; sin embargo, lo escogí a usted. Es por su intermedio que Mi plan debe ser cumplido. Vaya otra vez donde el obispo mañana y hable en Mi nombre e informe que es Mi deseo que se construya aquí el templo que estoy pidiendo. Dígale que soy Yo en persona, Santa María, quien lo envía".

Juan quedó entusiasmado, lleno de coraje y de fuerza divina, y así salió confiando para nuevamente contar su historia. Esta vez el obispo pidió al azteca que trajera una prueba concreta, una señal de Nuestra Señora, comprobando lo que Ella dijera.

El indio regresó al cerro y contó los últimos hechos; María lo tranquilizó: **"Está bien, hijo Mío. Venga nuevamente mañana y entonces obtendrá la señal para el obispo. Así, él creerá en usted. Sepa que Yo lo recompensaré por sus aborrecimientos. Mañana al amanecer Yo lo esperaré aquí"**.

Al llegar a casa aquella tarde, Juan encontró a su tío, su padre adoptivo, muy enfermo. Desesperado, hizo todo lo que estaba a su alcance para cuidarlo. Durante horas y horas se quedó al pie de la cama y, cuando se dio cuenta, había perdido el encuentro con Nuestra Señora.

Ante la gravedad del tío, Juan Diego salió en busca de un padre para que administrara los últimos sacramentos. Entonces, él resolvió cortar el camino y seguir por un atajo, cuando oyó una voz: "*¿A dónde va usted?*".

El indio, apenado, se disculpó con la Virgen María, quien dulcemente le dijo que no se preocupara con la enfermedad del tío.

"Escuche, hijo, no se preocupe ni se asuste; no tema por esa enfermedad ni cualquier otra contrariedad y aflicción. ¿No estoy Yo aquí a su lado? Yo soy su Madre dadivosa. ¿No lo escogí para Mí y lo tomé a Mis cuidados? ¿Qué más desea? No permita que nada lo aflija o perturbe. En cuanto a la enfermedad de su tío, no es mortal. Yo le pido: crea ahora y él será curado".

Al oír esas palabras Juan Diego fortaleció su fe. Reiteró su compromiso ante la hermosa Señora y contestó que estaba listo para llevar la señal que el obispo solicitaba.

"Vaya, hijo Mío, al alto del cerro donde Me vio por primera vez. Ahí encontrará una gran variedad de flores. Coja todas las flores que pueda y me las trae a Mí".

Juan Diego subió el cerro y cosechó muchas flores; las colocó dentro de su ruana y las entregó a la Reina del Cielo.

"Hijo querido, esas rosas son la señal que usted llevará al obispo. Dígale en Mi nombre que en esas rosas él verá Mi voluntad y la cumplirá. Cuando llegue ante el obispo, abra su ruana y muestre lo que carga. Dígale todo lo que vio y oyó. Él creerá y construirá el templo por el cual Yo Me empeñé".

Juan Diego desdobló su ruana ante el obispo y, al abrirla, el piso quedó repleto de rosas frescas, centelleantes de rocío, con un aroma indescriptible. El obispo cayó de rodillas, orando y llorando con los ojos fijos en la ruana. Juan Diego, profundamente feliz, sacudía la ruana, o mejor, la *tilma*, hecha con tres cintas de un tejido de cactus, con la esperanza de que más rosas cayeran. **En verdad, la Virgen María había preparado un milagro aún mayor, que Juan Diego no había advertido.**

Nuestra Señora estampó Su imagen exactamente como apareciera al indio azteca en el cerro. Emocionadísimo con todo lo que estaba viendo, Juan Diego pidió permiso para visitar al tío, quien estaba curado y contaba con el corazón lleno de amor: "Recibí la visita de una mujer vestida de sol. Pidió que fuera construido un templo en Su homenaje y La llamaran Nuestra Señora de Guadalupe".

Nuestra Señora
DE LAS GRACIAS

*"¡Oh! María concebida sin pecado,
Nuestra Señora de las Gracias
Ruega por nosotros,
que recurrimos a Vos".*

Corría el año de 1830. Catalina de Labouré, una joven novicia, rezaba fervorosamente en un convento de París el día 27 de noviembre, cuando de repente fue sorprendida por una indescriptible y maravillosa luminosidad: la Madre de Dios apareció magnánima, vestida de sol, con una túnica blanca luminosa, con un manto azul del color del cielo que Le caía hasta los pies.

La gran Señora estaba parada sobre el globo terrestre y con Sus pies comprimía la cabeza de una serpiente. Las manos extendidas mostraban los dedos recubiertos de anillos y piedras preciosas de una belleza y colores jamás vistos. De ahí partían rayos brillantes de luz para todos los lados, que iban en aumento a la medida en que descendían, rodeándole a la Virgen con un extraordinario resplandor.

Con su voz dulce María Santísima dijo: "Ese es el símbolo de las gracias que derramamos sobre todas las personas que las piden".

Como si no soportara el peso de las gracias, Sus brazos bajaron y se abrieron en la actitud grandiosa que se ve en la Medalla Milagrosa.

En aquel instante se formó alrededor de la Virgen un cuadro donde se leían en letras de oro las siguientes palabras: "¡Oh! María concebida sin pecado, ruega por nosotros, que recurrimos a Vos".

Volteando el cuadro, la novicia vio en la parte de atrás la letra "M" sobre una cruz con un trazo en la base y debajo del monograma de María, los corazones de Jesús y de Su Madre Santísima. Alrededor de los símbolos había una corona de doce estrellas.

Catalina oyó entonces una voz ordenándole que hiciera estampar una medalla con aquel modelo; así, las personas que la trajeran consigo recibirían grandes gracias. La misma visión y el mismo mandato se repitieron en el mes de diciembre.

Como todos los videntes, la novicia también pasó por dificultades. La autorización para estampar la medalla sólo fue concedida por monseñor Quelen dos años más tarde, después de muchas evidencias de curaciones y conversiones.

En apenas cuatro años ya habían sido estampadas 2 millones de piezas en cinco idiomas diferentes, y la novicia que tuvo la visión divina fue beatificada en 1933.

A pesar de que se pasaron tantos años advertimos que los rayos luminosos que salen de los dedos divinos de María aún nos bendicen y protegen y que todas las gracias son concedidas según la fe de cada uno.

NUESTRA SEÑORA DE FÁTIMA
Nuestra Señora del Rosario

El día 13 de mayo de 1917, después de llevar las ovejas a la Cueva de Iria, los niños estaban jugando cuando del cielo sin nubes apareció una claridad como un relámpago.

Pensando que se aproximaba un temporal, ellos reunieron el rebaño pero ocurrió un segundo relámpago. Entonces, sobre un pequeño arbolito vieron "una Señora vestida de blanco, más brillante que el sol, esparciendo una luz muy clara e intensa".

La bella Señora dijo:

"*No tengan miedo, no les haré daño*".

Lucía preguntó: "¿De dónde vienes?".

"Soy del cielo" (y nuestra Señora levantó la mano para señalar al cielo).

"¿Y yo también voy para el Cielo?".

"Sí, irás".

"¿Y Jacinta?".

"También".

"¿Y Francisco?".

"También, pero tiene que rezar muchos rosarios".

Entonces Nuestra Señora preguntó:

"¿Quieren ofrecerse a Dios para soportar todos los sufrimientos que El quiera enviarles, en acto de reparación por los pecados con que El es ofendido y de súplica por la conversión de los pecadores?".

"Sí, queremos."

"Id pues a sufrir mucho, pero la gracia de Dios será vuestro consuelo".

Entonces abrió las manos con un gesto amoroso de Madre que ofrece Su corazón. De Su mano salía una luz intensa que alcanzaba a los niños. La visión se desvaneció diciendo: *"Rezad el rosario todos los días para alcanzar la paz para el mundo y el fin de la guerra"*.

Las apariciones de Fátima comenzaron en 1917 cuando Portugal atravesaba momentos de desorden moral y decadencia económica.

Fueron seis apariciones, llenas de verdades y caminos fundamentales para restablecer la fe y la autoconfianza conquistada a cada rosario dedicado a la Virgen.

Rece en el día de hoy su consagración al Corazón Inmaculado de María:

*"Corazón Inmaculado de María,
modelo perfecto de santidad,
tómanos, haznos según Tu imagen.
Purifica y libera nuestro corazón de cualquier
obstáculo a la santidad.*

*Que, liberados de nosotros mismos y de cualquier
otra seducción,
Tú puedas hacernos ricos de Ti, de las virtudes de Tu
Corazón Inmaculado.
Y guíanos hacia aquella intimidad divina que sólo Tú
conoces y que por sí sólo puede saciar la inmensa
necesidad de amor y de unión que Dios nos
colocó en el corazón.
Esperamos en Ti, con confianza, esta gracia de
santidad... y confiamos nuestro destino eterno a
Tu Corazón Inmaculado". Amén*

EL MILAGRO DEL SOL

Nuestra Señora del Rosario apareció a los tres pastorcitos, de mayo a octubre de 1917, todos los días 13 de cada mes. Al principio los niños eran el centro de las atenciones pero poco tiempo después, se trasladaron a la ciudad de Fátima donde pasaron a recibir todos los días 13 de cada mes, largas caravanas de peregrinos.

Según informes confiables, el 13 de octubre de 1917, 70 a 80 mil personas se reunieron en el sitio, a la espera del milagro. Y sí que valió la pena, pues un suceso impresionó a todos.

Llovía torrencialmente y las condiciones atmosféricas para una aparición de María eran pésimas. Sin embargo, de repente las nubes se abrieron y un pedazo de cielo azul apareció con el sol brillando sin ofuscar.

El "Milagro del Sol" tuvo inicio, y todo lo que aquí relatamos está en los documentos de aquel gran día. El sol empezó a temblar y a oscilar. Ejecutó movimientos abruptos hacia la izquierda y hacia la derecha; a continuación giró como una enorme pelota de fuego con excesiva velocidad, alrededor de su propio eje.

Cascadas de colores, verde, azul, rojo y violeta eran lanzadas del sol, ocultando y cambiando el paisaje en una luz irreal (los informes hablan de una luz que no era terrestre). Las decenas de miles de personas que asistían al espectáculo, testigos oculares que fueron, afirmaron que el sol paró por algunos minutos para dar un descanso a las personas que asistían.

A continuación, sin embargo, el espectáculo se reinició con movimientos fantásticos y fuegos de artificio multicolores. Los espectadores afirmaron que la escena no podría ser descrita con palabras. Después de una nueva pausa, el baile solar empezó por tercera vez con el mismo resplandor. El milagro solar duró doce minutos, y fue visto a cuarenta kilómetros del sitio.

A pesar de una oposición inicial del Estado, Fátima se convirtió en centro de peregrinaciones y hoy es uno de los más importantes del mundo.

Entre el 13 de mayo y 13 de octubre de cada año, Fátima se convierte en un inmenso jardín de expectativas. Miles de personas esperan una aparición, un nuevo milagro, ¡deseando también asistir al milagro del sol!

Las varias historias sobre las apariciones de la Virgen son absolutamente deslumbrantes y maravillosas. Durante los meses en que trabajé e investigué sobre María, leí las más diferentes manifestaciones. Exactamente en la semana en que estaba escribiendo este tramo del libro, sucedieron hechos muy especiales para mí. Estaba paseando con mi novio en una feria de antigüedades cuando, entre los objetos colocados en el andén, él señaló una cinta de video sobre la historia de Fátima. Fue increíble, no quería comprarla pensando que fuera de mala calidad; encontré extrañada a Nuestra Señora en medio de tantas quincallerías...

Conocí bien la historia de Fátima cuando viví en Portugal. Y fue justamente allá donde viví mi gran descubrimiento espiritual: mi encuentro con los ángeles, que más tarde darían origen a los fascículos *Ángeles, todo lo que usted quería saber*, que escribí con Mirna Grizch.

Una fuerza mucho mayor me pidió que llevara la cinta sobre Fátima para mi casa, y así lo hice. Confieso que me demoré algunos días para ver la cinta, una producción portuguesa.

Cuando por fin la vi, caí en trance. Aquel acento portugués me envió directamente a los tiempos en que allá viví y, como una llave mágica, agudizó mis cinco sentidos.

Era como si yo hubiera entrado en el túnel del tiempo. Podía sentir los aromas de la tierra y recordar vivamente lo que allá había vivido, todos mis descubrimientos y los llamados de lo Sagrado. Entonces, viendo la cinta, concluí que los tres pastorcitos habían recibido la visita de un hermoso ángel que los preparó para su misión.

En ese momento, completamente emocionada, miré hacia la gran imagen de María colocada sobre mi computador y agradecí a Ella profundamente.

Comprendí que los ángeles que me despertaron, estaban realmente preparándonos para ese gran encuentro con María y Jesús.

Nuestra Señora REINA DE LA PAZ
(Medjugorje)

"Existe un solo Dios Crean con firmeza.... Tengan una sólida fe y confíen en Mí".

Era el día de la fiesta de San Pedro y San Pablo, 29 de junio de 1981, y los seis jóvenes videntes se preparaban para ir a misa. Repentinamente aparecieron una ambulancia de Citluk y otro carro. Obligaron a los seis jóvenes a entrar en la ambulancia y colocaron a sus padres y los demás en otro vehículo.

Comunicaron que los llevarían para someterlos a exámenes en una clínica siquiátrica en Mostar. La médica que los examinó, en un primer momento los acusó de estar engañando a las personas y de drogadictos. Después los llevaron a la morgue para asustarlos.

Al concluir los exámenes la médica declaró: "Locos son aquellos que los trajeron hasta aquí. Ustedes son normales".

En ese mismo día por la tarde, con esfuerzo llegaron a la cima del cerro donde ocurriría la aparición. Había mucha gente.

Los videntes rezaban el Padrenuestro, el Avemaría, el Gloria, y cantaban con el pueblo. Cuando Nuestra Señora apareció todos se arrodillaron. Ella estaba contenta y sonreía. Le preguntaron por cuánto tiempo aún vendría a encontrarlos. Ella contestó:"*Durante todo el tiempo que ustedes desearen*".

Contestando otras preguntas, así habló Nuestra Señora: "*Hay un solo Dios y una sola fe, crean con seguridad... Tengan una fe sólida y confíen en Mí...*".

Los videntes insistieron con Nuestra Señora para que hiciera un milagro y curara al pequeño Daniel, con menos de tres años de edad, víctima de una especie de parálisis infantil.

Nuestra Señora contestó: "*Que los padres del niño crean firmemente y él será curado*".

El niño fue curado más tarde, aquella misma noche.

Entre el 30 de junio y el 31 de diciembre de 1981, perseguidos por la policía, los videntes tuvieron que buscar sitios discretos para esperar la aparición de la Reina.

La primera aparición de Nuestra Señora de la Paz[2] ocurrió exactamente el día 24 de junio de 1981, día de la fiesta de San Juan Bautista. En Medjugorje, una aldea localizada en una meseta dominada por dos cerros pedregosos en la región croata de Herzegovina, Nuestra Señora estaba apareciendo diariamente a seis jóvenes, confiándoles mensajes que deberían ser transmitidos al mundo entero y también diez secretos que deberán ser revelados en fecha oportuna.

Ivanka Ivankovic y Miriana Dragicevic salieron a pasear en las cuestas del cerro Podbrdo, ahora conocido como Cerro de las Apariciones. ¡Cuando regresaban, Ivanka miró hacia el cerro y vio una sorprendente figura de mujer! Exclamó admirada: "¡Mire a Gospa!" (Nuestra Señora, en croata). Miriana pensó que era un chiste y no miró.

Las dos siguieron camino de la casa. Más tarde se encontraron con Milka, quien les pidió ayuda para buscar las ovejas. Cuando regresaron al mismo sitio, las tres muchachas vieron a Nuestra Señora y cayeron de rodillas rezando. Después llamaron a Vicka y le dijeron: "¡Mira Nuestra Señora allá arriba!". Pero Vicka también pensó que era un chiste y salió corriendo.

Al llegar a la aldea se encontró con Ivan Dragicevic e Ivan Ivankovic cogiendo frutas y les contó lo que las tres amigas le dijeron sobre la Virgen María. Apenas llegaron

---

[2] La Iglesia continúa estudiando las apariciones de Nuestra Señora en Medjugorje.

al sitio donde estaban las tres niñas, Ivan Ivankovic afirmó que veía una figura toda blanca moviéndose.

Milka observó la silueta de una joven maravillosa que cuidaba de un niño apoyado en Su brazo derecho, cubriéndolo y descubriéndolo varias veces. La distancia que separaba a los niños de Nuestra Señora era de unos doscientos metros. Nuestra Señora apenas sonreía, sin decir nada. La aparición duró de cinco a seis minutos.

Las muchachas estaban asustadas y con miedo, pero profundamente contentas. Algunos creyeron en ellas, a otros les causó admiración.

Desde entonces muchas fueron las persecuciones por las cuales tuvieron que pasar. Los videntes eran llamados drogadictos o epilépticos.

En el cuarto día de aparición consecutiva, Vicka pidió a Nuestra Señora que Se mostrara a los presentes. Ella contestó: "Los que no ven crean como si lo vieran".

Miriana estaba muy preocupada con lo que vivenciaba. Nuestra Señora dijo: "*Existe y siempre existirá injusticia en el mundo. No se preocupen. Yo soy la Virgen María*".

El padre Iozo interrogó largamente a los niños, así como el padre Zrinco Cuvalo, pero ellos no cayeron en contradicción. Así, los padres quedaron convencidos de la autenticidad de las apariciones.

En el quinto día (28 de agosto de 1981), un domingo lleno de sol, toda la región ya tenía conocimiento de las apariciones.

Más de quince mil personas llegaban de las parroquias y aldeas de los alrededores. A las 6 y 30 de la tarde Nuestra Señora apareció y los jóvenes pidieron a las personas que se arrodillaran. Preguntaron por qué Ella no aparecía en la iglesia para que todos la vieran.

Ella contestó: "*Benditos aquellos que no ven y, sin embargo, creen*". Le preguntaron si prefería que rezaran o cantaran. Su respuesta: "*Los dos, canten y recen. Y crean como si hubieran visto*".

Al final de esa aparición todos cantaron *María, María, ¡cómo sois bella!* (*Marijo, Marijo, o kako lijepa si!*).

MENSAJES DE MARÍA PARA EL MUNDO

*H*ace muchos años, el escritor Andrew Harvey estuvo en Efeso, en Turquía, meditando durante tres días en la iglesia cerca de la casa donde dicen que María vivió Sus últimos veinte años después de la Crucifixión y Resurrección de Cristo. Hizo amistad con el viejo jesuita que cuidaba del altar y una de las frases que le dijo lo marcó profundamente.

El padre dijo: "Cristo vendrá de nuevo. La segunda venida de Cristo será dentro del corazón y la mente humanos. Pero eso sólo puede ocurrir como la primera vez, a través de María. María es la clave".

Eso significa que la raza humana no será capaz de recibir a Cristo auténtico en su corazón mientras no comprenda el poder y la gloria del Femenino Sagrado, encarnado en Su Madre.

Sólo entonces podremos realizar la enseñanza de Cristo. Tal vez nunca un silencio como el de Ella tenga tanta "voz". Cristo y María, Hijo y Madre, están unidos en el Fuego del Sagrado Corazón, y es el regreso de ese Fuego en el corazón de todos los seres el significado de la Segunda Venida.

Madre e Hijo llegan juntos para traer a la humanidad el camino del amor en acción, de la justicia espiritual y política, que reflejan como un espejo el amor y la justicia de Dios.

Coloque a María en su corazón, su Cristo interior nacerá; y, cuando el Cristo interior de todos nosotros haya nacido, entonces una ola de conciencia bañará la Tierra, impidiendo el hambre y la pobreza, la guerra, la injusticia, la contaminación de los mares, de las tierras y de los aires.

En los últimos 150 años, María, Nuestra Divina Madre, ha aparecido en todo el mundo: Francia, Portugal, México, Croacia (antigua Yugoslavia), Japón y Brasil.

Sus mensajes son de infinito amor y sabiduría, clamando paz en el mundo, tratando de despertar a Sus hijos para el poder de la oración y de la meditación.

"Soy conocida en varias partes del mundo, y apareceré en todos esos sitios.

Yo convoco a todas las naciones a la verdadera conversión. La palabra conversión significa sencillamente regresar al origen.

Su origen es Dios, que lo creó a usted a Su imagen.

Sí, Yo transmití ese mensaje a otras personas. Ya aparecí en muchas partes del mundo. Estoy apareciendo en el momento a seis niños de Croacia. En el mensaje que transmito a ellos, tres palabras son los puntos principales:

CONVERSIÓN - un regreso a sus principios originales, a Dios.

PAZ - para todos los hombres, mujeres y niños que viven hoy en la Tierra. Paren de pelear y de combatir en guerras. Abandonen el uso de contaminantes, de productos químicos nocivos y de las drogas que perjudican tanto su mente, que es el único lazo con el plan espiritual y con Dios, el Creador de Todas las Cosas.

ORACIÓN - a través de la oración se llega a la presencia de Dios. Atribuya a la palabra oración su verdadero significado: hablar con Dios.

Hable con Dios a través de su mente, así como usted habla con su madre, su mujer, su marido, su hermano o hermana.

El es Amor, Comprensión y Conocimiento.

Manifieste sus problemas y preocupaciones a El. Ore por el mundo, por su planeta y por su propia vida, que es espiritual".

Tres son los símbolos esenciales de la Virgen en las apariciones: la cruz, señal de salvación; el Sol, símbolo de la luz de Cristo; y el corazón, clave de la oración continua. La cruz, el sol y el corazón están muchas veces al lado de la Virgen, durante todo el tiempo en que dura Su aparición, como una demostración sin palabras de Su doctrina.

Otro símbolo, también esencial, es el viento:

"El viento es Mi símbolo. Vendré en el viento. Si el viento soplare, sabréis que estoy con vosotros".

Ella aclara: la flor, relacionada con la teología de la belleza que la propia Virgen enseña, también es un símbolo importante. *"Me gustaría que fueras como una flor que se abre para el sol en primavera..."*.

El movimiento mariano, que consagra el Inmaculado Corazón de María, cuando recibe un nuevo miembro pide a él que deje a María vivir y operar en su corazón:

"Quiero amar con vuestro corazón; mirar con vuestros ojos; consolar y encorajar con vuestros labios; ayudar con vuestras manos; caminar con vuestros pies...".

"Una sola es la señal que Dios da al mundo y a la Iglesia de hoy: Yo misma".

"Sólo Yo soy anunciada como la gran señal en el cielo: LA MUJER VESTIDA DE SOL, CON LA LUNA

DEBAJO DE LOS PIES Y UNA CORONA DE DOCE ESTRELLAS EN LA CABEZA". (Apoc. 12.1)

༺❀༻

"Es una visión anticipada anunciando Mi victoria sobre el dragón rojo del ateísmo, del materialismo, hoy triunfantes y aparentemente victoriosos".

༺❀༻

"Hijos, Mis predilectos, no se dejen engañar por el mundo donde viven. Los engaña la palabra. Nunca, como hoy, la palabra se volvió instrumento de verdadera tentación diabólica. Se habla para engañar. Se habla para propagar el error. Se habla para esconder la verdad".

༺❀༻

"Déjense guiar por Mí, hijos Míos. Mi batalla ya comenzó.
Empezaré a atacar al enemigo en el corazón y actuaré donde ahora él se siente más seguro.
Consiguió fascinarlos a todos con la soberbia.
Supo predisponer todo de modo inteligentísimo.
Para su objetivo, sedujo todo el sector de la ciencia y de la técnica humanas.
En su mano se encuentra casi toda la humanidad.
Con enredos atrajo a los científicos, a los artistas, a los filósofos, a los doctores, a los poderosos. Engañados por él, se pusieron a su servicio para actuar sin Dios y contra Dios.
Donde Satanás destruyó, Yo construyo.

*Donde Satanás hirió, Yo curo.
Donde Satanás venció, Yo obtengo el mayor triunfo.
Se manifiesta en eso Mi actuación materna".*

"Las señales de tentación son cuando sientan confusión, indisciplina, división y son perseguidos".

---

*"Los ángeles del Señor están con vosotros.
Yo soy la Reina de los ángeles y ellos están
atentos a Mis órdenes porque la
Santísima Trinidad confió a Mi Corazón Inmaculado
la obra de renovación de la Iglesia y del mundo.
San Miguel está a la cabeza de Mi ejército
celeste y terrestre, ya en orden de batalla.
San Gabriel está junto de vosotros para dar la
fuerza invencible del propio Dios.
San Rafael cura en vosotros las muchas heridas
que frecuentemente recibís por causa de la
lucha insana que sostenéis.
Dense cuenta de la continua presencia de los ángeles
de Dios junto a vosotros e invocad frecuentemente
Su auxilio y protección. Ellos poseen gran fuerza
para defender y sustraer las emboscadas,
que Mi y vuestro adversario, Satanás, los prepara.
Su protección ahora se intensificará y de modo
singular la percibirán porque llegaron los tiempos
de la gran pena y estáis por entrar en un
período muy angustiante, como jamás hasta
ahora ha ocurrido.*

Recibid junto a vosotros, bajo Mis órdenes, a los ángeles del Señor, que serán defensa y guía, para que cada uno pueda ejecutar lo que Yo he determinado para el triunfo de Mi Corazón Inmaculado".

"Continuaré apareciendo en muchas partes del mundo. Tendréis conocimiento apenas de algunas apariciones, pero en todos los sitios haré una señal, comprobando Mi existencia y Mi dedicación. En muchos sucesos, los sitios se convertirán en lugares de curación, para comprobar Mi mensaje. En otros, habrá demostraciones visuales. Y, en determinados sitios, tendrán lugar las dos cosas.
Vengo hasta vos a través de esos métodos, para pedir vuestras oraciones por este mundo, el planeta Tierra, que está pasando por gran peligro".
"Ahora, quiero que todas las palabras que de Mí reciban sean transmitidas al mundo. El planeta necesita de una renovación. La atmósfera necesita de una purificación, así como vuestra conciencia. Todo lo que podemos hacer ahora es avisar a las personas".

"Yo, vuestra Madre Sagrada, volví para pedir por la paz. El mundo está en un estado terrible. Rezad por la paz. Actuad por la paz. Alimentad a los pobres. Es por esa razón que Yo estoy hablando en tantos lugares diferentes en el mundo entero".

*"Cuando usted se cae necesita levantarse rápidamente del piso. LEVANTAR.
La mayor falla es que usted entienda que cayó y no busca levantarse inmediatamente".*

"Mi llegada es una señal para todos, un llamado a la oración y a una vida llena de gracias, que Dios está otorgando a ustedes. Queridos hijos, acepten seriamente este llamado para la oración. Estoy con ustedes y su sufrimiento es también el Mío".

"¡Usted no necesita rezar cien Padrenuestros o Avemarías! Mucho mejor es rezar apenas uno, con el deseo real de encontrar a Dios".

"¿Por qué no responden a Mis súplicas? ¡Hablen con otras personas, encuentren soluciones para el mundo! No esperen por la próxima guerra!".

"Por favor, coloquen Mis palabras en acción, ¡son las palabras de su Madre! Cicatricen Mi corazón".

MARÍA, Reina de los Ángeles

San Francisco de Asís reconoció su vocación en una majestuosa basílica de Santa María de los Ángeles, cerca de Asís, en Italia, respondiendo al llamado que el propio Dios le hiciera.

Hace muchos años, al regresar de la Tierra Santa, cuatro peregrinos elevaron en Asís la basílica con el nombre de Santa María de los Ángeles. Este fue el nombre escogido porque siempre se escuchaban, en el sitio, maravillosos cánticos, arpas y liras de los ángeles, con la presencia luminosa de María.

En el interior de la Basílica de Santa María de los Ángeles se encuentra una capilla llamada Porciúncula que, en italiano, significa pequeña porción. Cierta noche, San Francisco estaba rezando por la conversión de los pecadores cuando un ángel vino a pedirle que fuera hasta la capillita.

Cuando él llegó tuvo la maravillosa visión de la Virgen María y Su Hijo Jesús con un coro de querubines y serafines alrededor. Jesús se acercó diciendo: "Como recompensa por su interés en la conversión de los pecadores, pida lo que quiera".

San Francisco pidió que todos aquellos que visitaran la capilla después de confesar y comulgar, fueran sensibilizados por aquel sublime amor incondicional y liberaran sus corazones, siéndoles perdonados todos los pecados.

Asustado con su atrevimiento, San Francisco suplicó a la Virgen María que intercediera en su favor.

No resistiendo al pedido de Su Madre Santísima, Jesús estuvo de acuerdo con el pedido bajo la condición de que él combinara todo con el Papa. Así, al día siguiente, San Francisco se encontró con el papa, quien le concedió la gracia, pero en apenas un día del año: 2 de agosto.

Este fue denominado Día del Perdón, que atrae una enorme cantidad de fieles y peregrinos para celebrar la fiesta de Nuestra Señora de los Ángeles, una de las más importantes de la Orden Franciscana, extendida a todas las iglesias por el papa Pío XII.

En Brasil, el más hermoso templo dedicado a Nuestra Señora de los Ángeles es el de San Francisco de Asís de *Ouro Preto*, donde el escultor *Aleijadinho* seguramente también fue inspirado por la Virgen María y todos los ángeles para realizar obras de arte tan bellas.

No es necesario esperar hasta agosto. Empiece ahora su reflexión. Nuestra Señora de los Ángeles intercede como patrona de esta noble causa de la redención de los pecados, del perdón y de la liberación. Los ángeles, María y Jesús están en todas partes y Su templo sagrado es nuestro corazón.

En la Oración de San Francisco encontramos las palabras de María y la doctrina de Jesús. El seguramente fue sensibilizado e inspirado por el Sagrado Corazón.

Señor, hazme instrumento de Tu paz.
Donde haya odio, siembre yo amor.
Donde haya ofensa, perdón.
Donde haya discordia, unión.
Donde haya duda, fe.
Donde haya error, verdad.
Donde haya desesperación, esperanza.
Donde haya tristeza, alegría.
Donde haya ofensa, paz.
Donde haya oscuridad, luz.
¡Oh! Maestro, concédeme que no busque
ser consolado, sino consolar.
Que no busque ser comprendido, sino comprender.
Que no busque ser amado, sino amar.
Porque dando, recibo de Ti.
Perdonando es como Tú me perdonas.
Muriendo en Ti, nazco para la vida eterna.

Nuestra Señora
DE LAS VICTORIAS

En París, cerca al Palacio Real, existe una iglesia que no llama la atención por su estilo ni por su magnitud, pero aún así, más de seis mil peregrinos la visitan todos los días. Es la iglesia de Nuestra Señora de las Victorias.

Pero no ha sido siempre así.

En 1836 el párroco de la iglesia estaba desconsolado con la fría actitud de sus fieles hacia Dios. Poquísimas personas iban a misa y casi nadie lo buscaba.

El día 3 de diciembre mientras celebraba la misa, el padre sintió que su fe estaba acabada. Se preguntaba qué estaba haciendo allí y hasta pensó en desistir de todo, cuando terminara aquella misa. Al llegar a la consagración, presente en toda misa, después de la súplica fervorosa él oyó dentro de sí mismo las siguientes palabras: "Consagra tu parroquia al Sagrado Corazón de María".

Fue la victoria de Nuestra Señora sobre el Espíritu del Mal. Desde entonces la iglesia está siempre repleta de fieles.

Aquí, en Brasil, tenemos muchos ejemplos de victorias de Nuestra Señora. El maravilloso Padre Marcelo consagró su vida y vocación a la Virgen María y es un gran propagador y devoto de Nuestra Señora. Las multitudes y muchas conversiones son las respuestas divinas e inmediatas de María.

El rey Roberto Carlos también consagró su vida y carrera de cantante a Jesús y María y está cosechando victorias hace tres décadas. Nunca perdió su majestad ni dejó de ser rey.

Consagrando su vida al Sagrado Corazón de Jesús y a su divina Madre María, usted se estará sintonizando con la armonía universal.

> ¡Las victorias están esparcidas y contagian a cada uno de nosotros para volver el mundo aún mejor!

"YO ESTARÉ POR TODAS PARTES"

He recibido muchos testimonios de fe y alcanzado muchas gracias desde que inicié este libro, que escribo en unión de ustedes, los ángeles, María y Jesús. Sé; Mis Queridos, que ustedes también han obtenido glorias y dádivas. ¡La fe de María, de los ángeles y de Jesús es poderosa e infinita!

El mundo vive hoy una efervescente etapa de búsqueda al encuentro de la espiritualidad. Sólo en este siglo Nuestra Señora apareció más de trescientas veces en 32 países diferentes. En Brasil, en los últimos cinco años, por lo menos treinta personas afirmaron haber visto y oído a la Reina Santísima.

Somos responsables por todo lo que ocurre y también por el impacto positivo y negativo que causamos en los demás. Somos responsables por el futuro del planeta, que heredamos de nuestros ancestros y que debemos ofrecer como un santuario para nuestros hijos y para los hijos de nuestros hijos. Ese, además, es el mensaje insinuado en los oídos de los buscadores espirituales de hoy, los Guerreros de Luz de nuestro tiempo, de nuestra era.

Cuando esos mensajes son recibidos, sucede un deslumbramiento en nuestra alma. Quedamos encantados con el milagro. Pero el milagro ocurre porque hay un mensaje para ser transmitido. Entonces, lo importante es que entendamos el mensaje en lugar de fijarnos en el dedo que señala hacia él.

Estamos viviendo el redescubrimiento de la espiritualidad, oyendo el llamado de la propia alma y reconociendo lo divino en nosotros mismos.

Esa energía hace parte del femenino que existe en cada uno de nosotros, hombres o mujeres. Es la energía del amor, de la compasión, de la conversión, de la nutrición.

María habla en Sus recientes mensajes de la necesidad urgente de que exista paz en la Tierra, de repensar el materialismo de los últimos siglos, que viene convirtiendo nuestra vida en una lucha por la supervivencia, escondiendo de nosotros el gran misterio de la existencia.

Cada vez que sus ojos miren la imagen de María, acuérdese de la presencia de lo sagrado en cada momento, en cada hora, en cada día. Acuérdese de sí mismo, de su misión en la Tierra, manifieste lo divino de su alma transformándose en un ángel. ¡Que usted traiga la paz!

Supe de las apariciones de Nuestra Señora en Jacareí a través de Irene Días, peregrina de Carapicuíba.

Hace algunos años, todos los días 7 de cada mes, la Virgen Santísima aparece en el Cerro Santo para anunciar Sus mensajes. Estaba todo combinado para que yo fuera a Carapicuíba con los peregrinos.

A pesar de la multitud, el clima era de profunda paz y armonía. No conseguí encontrar a doña Samia, Irene y los peregrinos de Carapicuíba, seguí adelante, subiendo en dirección al cerro. Miraba con mucho amor a todas aquellas personas que, como yo, estaban impregnadas de fe y esperanza. A pesar de la lluvia que caía en Sao Paulo, el cielo de Jacareí estaba de un azul indescriptible y el camino de barro por donde pasábamos parecía uno de aquellos tapices rojos que son colocados para reyes y reinas.

Subir el Cerro Santo fue como un gran regalo. Yo lloraba tanto que muchas personas me abrazaban afectuosamente, diciendo palabras de fe, sin imaginar quién era yo, qué hacía o qué me llevara hasta allá. Sentí el verdadero amor incondicional de María. Puro amor, sencillamente amor.

En la cima del Cerro Santo había una cruz con muchos árboles alrededor y toda la multitud oraba y cantaba. Aún con tantas personas, me acerqué al altar improvisado. ¡Fue allá donde viví momentos absolutamente maravillosos! Algunos minutos después de haber llegado, la imagen de Nuestra Señora Reina de la Paz fue colocada y la ceremonia empezó. Mientras el joven vidente hablaba con claridad sobre el amor de María y Sus enseñanzas, yo apretaba contra mi pecho el libro que traía para, una vez más, consagrarlo a nuestra Reina. Pero más que todo para darle las gracias.

Estaba completamente agradecida y emocionada por hacer parte del plan divino, por tener abierto mi corazón. María me regalaba el mayor obsequio de Navidad que yo podría recibir. Por algunos instantes, mirando alrededor toda aquella gente, toda aquella fe, pensé en mí como un granito de arena en el océano del Padre; si hubiera participado antes de una manifestación como aquella, tal vez me hubiera sentido intimidada al escribir un libro sobre la Reina de los Ángeles. Todo aquello era mucho más de lo que conseguiría describir.

Fue en ese momento que el confidente Marcos Tadeu interrumpió mis pensamientos, exclamando: "¡Dios Te Salve María Llena de Gracia! Ella está con nosotros".

Miré hacia el sol y mis ojos enturbiados por tantas lágrimas percibieron que él empezaba a girar en su eje y, alrededor, brillaban auras verdes y azules. Cerca de las cinco de la tarde, yo y casi diez mil personas podíamos ver a Nuestra Señora, hermosa, en el cielo, del lado opuesto donde el sol centelleaba. Sentí su respuesta en el cielo y claramente en mi corazón. No que necesitara ver para creer aún más en Sus divinos designios, pero haber rezado con aquella gente, que continuó allá mismo cuando la lluvia cayó, me hizo entender:

¡nosotros venceremos!
¡Somos muchos y
estamos por todas partes!

Capítulo 6

LÍNEA DIRECTA CON DIOS

¡Usted posee una línea directa con Dios! Silencie su corazón: Dios quiere hablar con usted.

Acuérdese: María está intercediendo por nosotros y hay un ejército de ángeles rodeándonos de amor y esperanza.

La mayor gracia que podemos alcanzar es estar en línea directa con Dios. ¡Que su mayor pedido sea estar siempre conectado con la energía suprema de Dios Todopoderoso!

La misma persona que me enseñó el poderoso Ciclo de Purificación y me hizo comprender tantas verdades también me enseñó esta oración:

Señor, Tú eres mi Maestro
Enséñame a ser prudente en los momentos precisos.
Enséñame a ver, no apenas con la mirada.
Enséñame a sentir los problemas ajenos
Como si míos fueran.
Enséñame a desenmascarar lo que no es verdad,
la hipocresía, la indecencia de los malhechores.
Enséñame, Señor, a amarte sobre todas las cosas.
Es necesario, no apenas hablar con Dios,
sino sentirlo. Usted es capaz. Dios es puro amor.

"RECEN, RECEN, RECEN"
¡Conviértanse sin tardanza!

"Conviértanse sin tardanza. Ustedes no conocen los planes de Dios, no saben qué enviará El, ni lo que va hacer. Pido que todos ustedes se conviertan. Este es mi deseo. ¡Conviértanse! Estén preparados para cualquier cosa, pero conviértanse. Esto es parte de la conversión. Adiós.

¡Que la paz esté con todos ustedes!".

"Cuando Yo digo recen, recen, recen, no estoy diciendo apenas que aumenten el número de oraciones, sino también que refuercen el deseo de rezar y de estar en contacto con Dios. Colóquense permanentemente en estado de espíritu de oración.

Cuando ustedes rezan, deben sentir más la oración, que es una conversación con Dios.

Rezar significa escuchar a Dios. La oración es útil para ustedes porque, después de rezar, todo queda claro. La oración conduce a la alegría. La oración nos enseña a llorar. La oración nos enseña a abrirnos.

"La oración es un diálogo con Dios".

LA FUERZA DE LA ORACIÓN

La oración es algo que podemos hacer a solas o con los demás. Podemos rezar cantando o escribiendo, ensalzando lo bello y reverenciándolo, pero siempre creyendo en cada palabra pronunciada, en cada manifestación del pensamiento, toda sensación es un contacto directo con el Creador, que nos está escuchando.

No importa la manera como usted encontrará, pues la búsqueda y el deseo real de comunicarse con Dios, por sí solo, ya es una oración. A veces nuestra mente está tan agitada que es difícil hasta comenzar una oración. Es vital que silenciemos nuestra mente para alinearnos con lo sagrado, para conectarnos con la fuerza suprema.

La lucha entre el bien y el mal siempre existió, y la inquietud interior, cuando no conseguimos ni siquiera concentrarnos y orar, hace parte de esa batalla.

Esté alerta. Nosotros todos, como guerreros de luz, necesitamos sobrepasar esa barrera, por más difícil que parezca. Resista, venza los obstáculos, no vacile, no dude de su capacidad de comunicación, de su fe.

Aunque usted no consiga expresar sus sentimientos, reserve algunos minutos de su día para conversar con Dios y concéntrese durante el tiempo que determinó. Nosotros somos la imagen y semejanza del Creador, integralmente capaces de mantener un diálogo profundo. Continúe intentando.

Cada vez que postergamos ese encuentro con Dios, establecido a través de las oraciones, el mal estará ultrapasando el bien, y nosotros nos sentiremos débiles y desprotegidos, vulnerables a las fuerzas ocultas del mal, como la falta de fe, la inestabilidad y la falta de paz interior.

Es necesario crear un ritmo propio, un vínculo de amistad, de intimidad e intercambio con la energía creadora. Es necesario creer interiormente que estamos siendo escuchados. Las palabras e intenciones tienen vida propia, es necesario creer que las palabras proferidas no serán llevadas por el viento, pero que estarán encontrando su destino cierto.

Es necesario orar verdaderamente, no porque alguien así lo determinó o aconsejó, sino porque creemos en esa relación única y poderosa, en el fuerte deseo de encontrar a Dios.

Las oraciones son muy exclusivas y personales. Aunque recemos un Padrenuestro o un Avemaría, la intención y la forma como cada persona pronuncia y siente esas palabras, determinan la cercanía y la intimidad de la relación con lo divino. No existen reglas fijas, cada uno debe encontrar su forma de comunicarse. Podemos orar haciendo una confesión, con la cual hacemos las paces con el enemigo interior y revaluamos nuestras actitudes. Podemos también pedir bendiciones para los demás y para las situaciones que deseamos. O aún decir "sí" a la vida y entregarnos a Dios, pues es así como manifestamos gratitud y confianza en el universo.

Cuando rezamos sinceramente, cuando abrimos nuestros corazones, presentando nuestras puras intenciones, exponiendo nuestras dificultades, agradeciendo y valorando las dádivas y las gracias alcanzadas, cuestionando nuestras dudas, estamos organizando nuestros pensamientos y reflexionando sobre los hechos de nuestro cotidiano, estamos entregándonos y compartiendo nuestro fardo. La simple iniciativa de compartir con Dios, con los ángeles, arcángeles y María facilita nuestra organización interna.

Su altar sagrado está dentro de su corazón.

"Decid a los peregrinos que no necesito velas ni flores. Que oren...".

Palabras de María
Tarcisio di Biasi, Oliveto Citra, Italia, 1985.

Cuando usted abre de verdad su corazón a María, a los ángeles y a lo sagrado, percibirá que está rezando cada vez más y con mayor fervor, creando una mayor intimidad con su espiritualidad.

Todas las personas tienen un ritmo propio, y el despertar es único y personal. No intente persuadir a la persona que está a su lado a que se convierta si ella aún no está lista. Usted puede inspirar, emocionar, tocar, pero no irrespetar el ritmo de cada ser humano. La conversión empieza de dentro hacia afuera.

Sus oraciones pueden realizarse en cualquier sitio, de cualquier forma, desde que sea con el corazón puro.

Experimente rezar también en el tránsito, en la cola del banco, en momentos en que su mente podría estar volando y vulnerable a pensamientos que no son constructivos ni benéficos.

> **"Nada puedo hacer sin la ayuda de Dios.**
> **Yo también necesito orar como vosotros".**
>
> **Medjugorje, 1982.**

En varias épocas y lugares, la devoción a María trascendió en algunas ocasiones las fronteras de lo que era apropiado. María nos dice, cariñosamente, que pongamos atención: Ella es una criatura como nosotros, dependiente de la gracia divina. Si apenas pudiéramos comprender que todo lo que hacemos depende de la ayuda de Dios, podríamos cambiar al mundo.

A lo largo de los siglos las personas han ofrecido muchos regalos a María. Ella, sin embargo, no tiene ningún interés en recibir lo que puede disminuir la gloria de Dios. Ella sabe, mejor que nosotros, que es pura y maravillosamente humana, y apenas humana. Pide, en lugar de ofrendas, que recen a Su hijo pues sólo El puede conceder nuestros pedidos.

Si quiere organizar un lugar sagrado en su casa para concentrarse y conectarse con Dios, hágalo con todo su amor. No es necesario ostentación, los altares y las velas son para nosotros, para ayudarnos a creer en un momento divino, para ayudarnos en nuestro *encuentro*.

Los ángeles, María, Jesús y los santos de nuestra devoción son seres de luz y no necesitan velas. Cada llama que encendemos nos ayuda a conectarnos con esa fuerza sublime, nos ayuda en la mística y en la magia de un momento sagrado.

Tenga conciencia de que el poder del fuego tanto puede iluminar como quemar. No canalice el poder de su oración en la llama de una vela.

Los rituales sirven para convencernos de que hay magia en el aire y que nosotros hacemos parte de ella. Su fe es mucho mayor que millones de velas prendidas. No la limite ni la condicione a determinadas prácticas específicas.

Algunas personas se sienten constreñidas con relación a los rituales porque los asocian a las prácticas religiosas. Sin embargo, los rituales están presentes en nuestra vida diaria, dando a ella un carácter de ceremonia y de celebración. Desde el gesto sencillo de apretar las manos a las promesas intercambiadas durante el matrimonio, es a través de los rituales que usted caracteriza con gestos simbólicos una determinada ocasión y sus participantes como personas especiales.

Usted puede escoger un sitio especial en su casa para arreglar un altar, lo que, inclusive, hasta le ayuda a entrar en clima de oración. Puede ser sobre una mesita, una estantería, una cómoda. Un lugar donde usted se sienta bien y tranquilo. Pero acuérdese: fortalezca su fe con la seguridad de que Dios es omnipresente y omnipotente y que Su Altar Sagrado está dentro de su corazón, esté usted donde esté. Es eso que debemos alabar: ¡el Dios vivo dentro de nosotros!

CONSAGRACIÓN A MARÍA

¡Gracias, María, por esta materna invitación!

Oh Madre de mi Salvador y Madre de la Paz, te entrego hoy con amor toda mi vida. Me entrego a Ti así como Jesús moribundo te entregó a mí. ¡Acógeme en Tus brazos!

Quiero amar a Jesús como Tú lo amaste, oh Madre. Contigo quiero aprender a oír la palabra del Padre y cumplir con Su voluntad.

Contigo María quiero aprender a amar a todos como hermanos y hermanas, pues son todos Tuyos. Me consagro a Ti a fin de que mi oración sea oración del corazón en la cual encuentre paz, amor y fuerza de reconciliación.

A Ti, querida Nuestra Señora, entrego mi pasado, mi presente y mi futuro, todos las aptitudes y dones. Deseo crecer junto a Ti como creció Jesús.

Que a partir de ahora todo en mí glorifique Contigo, ¡oh Señor! Que mi alma se alegre por Su amor y por Su misericordia!

También Te consagro, Madre mía, a mi familia, mis amigos, las personas con las cuales convivo y trabajo...

¡Contigo, María, deseo ser portador del Espíritu Santo! Que mi corazón sepa ser dócil a sus inspiraciones, ¡como fue el Tuyo!.

Oh Madre de la paz, Te pido que, por Tu intercesión, mis palabras sean irrevocables, y el pecado no me seduzca nunca más. Amén!

Del libro *Recen con el Corazón*, del padre Slavko Barbaric, OFM

SALVE REINA

¿Cómo nació esa oración que rezamos hace tantos años?

Cerca del año 1000, en un monasterio localizado en la frontera de Suiza con Alemania, vivía un monje benedictino llamado Germano. Muy enfermo, sufría terriblemente con los dolores de un reumatismo, pero aún así, se arrastraba dos o tres veces por día hasta el templo para conversar largamente con su Madre María. El reflexionaba sobre sus sentimientos junto al altar de la Virgen María e iba añadiendo palabras a sus reflexiones a medida en que los años pasaban. Así decía:

Dios te salve, Reina y Madre de misericordia,
Vida, dulzura y esperanza nuestra.
¡Dios te salve!
A ti clamamos los desterrados hijos de Eva;
a ti suspiramos, gimiendo y llorando en este valle de lágrimas.

Ea, pues, Señora, abogada nuestra,
Vuelve a nosotros esos tus ojos misericordiosos,
y después de este destierro muéstranos a JESÚS...

Germano no llegó a concluir la oración. Estaba escribiendo exactamente estas últimas palabras cuando la muerte llegó.

Muchos años después, a mediados del Siglo XII, San Bernardo se dirigía a Alemania para adoctrinar en la segunda cruzada cuando entró en un templo y oyó al pueblo rezando la oración de Germano, que era ya de dominio público en el país.

Quedó tan emocionado que cayó de rodillas y completó la oración del monje Germano: Oh clemente, oh piadosa, oh dulce Virgen María. Ruega por nosotros, Santa Madre de Dios, para que seamos dignos de alcanzar las promesas de Nuestro Señor Jesús Cristo.

EL PODER DE LOS SALMOS

"¡Queridos hijos! Hoy los invito a entrar en la lucha contra Satanás por medio de la oración. Ahora Satanás pretende actuar más, visto que ustedes están a la par de su actividad.

Queridos hijos, colóquense una armadura contra Satanás y derrótenlo con el rosario en la mano".

Palabras de Nuestra Señora en Medjugorje

Los salmos fueron la oración preferida de Jesús porque expresan dramas, angustias, alegrías, tristezas, decepciones, esperanza. Son un retrato escrito del corazón humano.

En el inicio de la Iglesia los monjes cultivaban la costumbre de rezar los salmos. Distribuían los 150 salmos por los días de la semana. Las personas más sencillas, que no sabían leer, reemplazaban cada salmo por un Avemaría.

Fue así como surgió el Rosario 150 Salmos, 150 Avemarías.

Rosario significa "rosas de oración".

María recibe con amor y gratitud esas hermosas rosas ofrecidas por Sus hijos amados. El tercio es la tercia parte de un rosario, que corresponde a 150 Avemarías, 15 Padrenuestros, y 150 Glorias.

En el tercio la repetición de palabras funciona como fondo musical para la meditación o contemplación. Cuando rezamos el tercio nos unimos con María a la oración de Jesús al Padre. Recemos cogidos de la mano con María, los ángeles y Jesús.

Crea, María está a su lado, cogiéndole la mano. Si usted pide en nombre de Jesús, El lo atenderá. Hay una legión de ángeles amparándolo. Los sacrificios y las abstinencias son una forma de demostrar su fuerza de voluntad frente al enemigo, de lo que usted es capaz, que usted posee autocontrol y domina su libre albedrío.

"¡Queda un poco de perfume en las manos que ofrecen rosas...!!!"

Hércules Rozzo, inspirado por Nuestra Señora

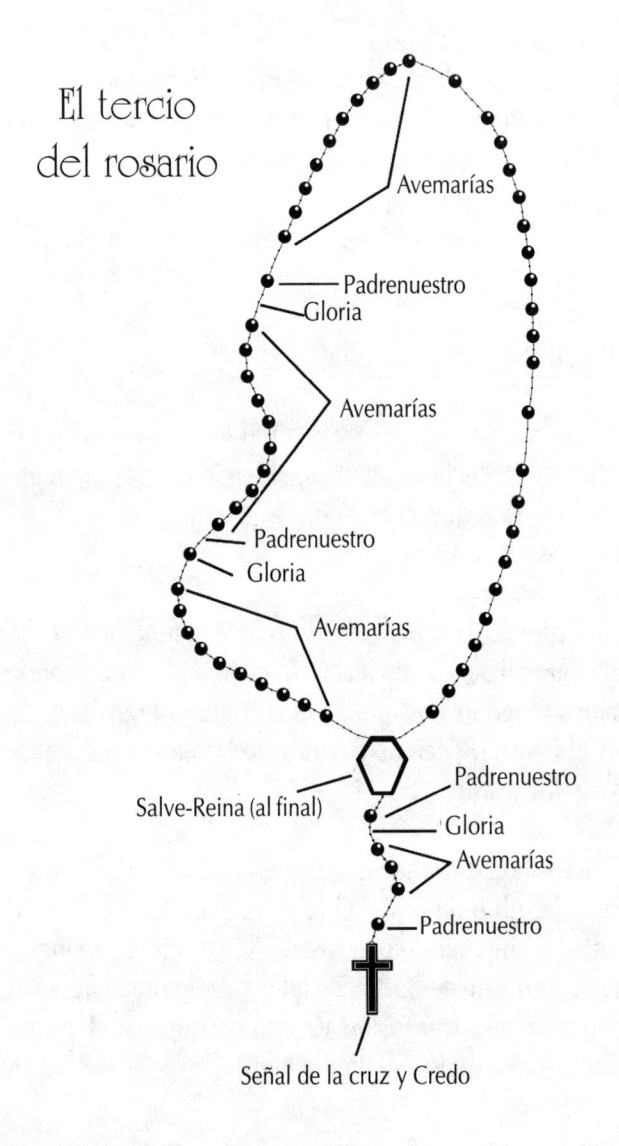

El tercio del rosario

Avemarías

Padrenuestro
Gloria

Avemarías

Padrenuestro
Gloria

Avemarías

Padrenuestro
Salve-Reina (al final)
Gloria
Avemarías

Padrenuestro

Señal de la cruz y Credo

¿QUE ES EL ROSARIO?

Rosario es una oración popular para todos los momentos y puede ser rezado a lo largo del día.

Durante la oración del rosario son contemplados los quince misterios de la vida, pasión, muerte y resurrección de Cristo, relacionando toda esa trayectoria con la Virgen Santísima.

En el inicio del Siglo XII se divulgó en Occidente la costumbre de usar como oración el saludo de Gabriel a María, uniendo la de Isabel (Lucas 1,28-42).

En aquella época los monjes no sabían leer los 150 salmos de la Biblia, debían rezar 150 Padrenuestros cada día.

Cinco Misterios Gozosos

Los cinco primeros misterios contemplados son llamados Misterios Gozosos o Misterios de Alegría y son rezados los lunes y jueves.

1er Misterio: contemplamos la anunciación del arcángel Gabriel a Nuestra Señora.

2º Misterio: contemplamos la visitación de Nuestra Señora a su prima Isabel.

3er Misterio: contemplamos el nacimiento de Jesús en la gruta de Belén.

4º Misterio: contemplamos la presentación de Jesús en el templo y la purificación de Nuestra Señora.

5º Misterio: contemplamos al Niño Jesús perdido y encontrado en el templo con los doctores.

Cinco Misterios Dolorosos

Los cinco misterios a continuación son los Dolorosos, rezados los martes y viernes.

1er Misterio: contemplamos la agonía de Jesús en el Huerto de los Olivos.

2º Misterio: contemplamos la flagelación de Jesús.

3er Misterio: contemplamos la coronación de Jesús con espinas.

4º Misterio: contemplamos a Jesús cargando la cruz hasta el Monte Calvario.

5º Misterio: contemplamos la crucifixión y muerte de Jesús Cristo en la cruz.

Cinco Misterios Gloriosos

Los cinco últimos son los Gloriosos, rezados los miércoles, sábados y domingos.

1er Misterio: contemplamos la resurrección de Jesús Cristo, Nuestro Señor.

2º Misterio: contemplamos la ascensión de Jesús Cristo a los cielos.

3er Misterio: contemplamos la venida del Espíritu Santo sobre Nuestra Señora y los apóstoles.

*4º **Misterio:*** contemplamos la asunción de Nuestra Señora a los cielos.

*5º **Misterio:*** contemplamos la coronación de Nuestra Señora como Reina del Cielo y de la Tierra.

Muchas son las formas de meditar en el rosario y varios son los libros que ofrecen sugerencias de cómo rezarlo. Usted puede encontrar su forma especial. ¡Pida la ayuda de los ángeles! Acostúmbrese a rezar un tercio por día.

El día 7 de mayo de 1998, a las 6:30 P.M., durante la vigilia de Pentecostés, Nuestra Señora, en su aparición en Jacareí, enseñó el siguiente tercio del Inmaculado Corazón de María:

"¡Recen este tercio que les enseñé todos los días! Con él, el triunfo de Nuestro Inmaculado Corazón será más rápido! ¡Con él, el poder será total en la Tierra y podré entonces ejercer toda la autoridad a Mi concedida por la Santísima Trinidad! ¡Prometo Mi protección y Mi bendición a todos los que lo recen! Recen este tercio todos los días para que, cuanto antes, ¡Mi corazón venza!".

En las tres primeras cuentas:

"¡Santo, Santo, Santo! ¡Santo Corazón de María! ¡Dadnos Vuestra paz y Vuestra alegría!".

En las cuentas grandes del tercio:

"¡Oh Santísima Trinidad! ¡Nosotros Os glorificamos por el Inmaculado Corazón de María!"

En las cuentas pequeñas del tercio:

"¡Oh puro e Inmaculado Corazón de María! ¡Sed nuestra fuerza y nuestra vida!".

Rezar el rosario o el tercio con sus varias repeticiones y contemplaciones, nos lleva a encontrar nuestro centro, nos lleva directamente al eje de nuestra propia esencia.

Rezando el rosario usted es capaz de encontrar la totalidad y la armonía, componiendo un poderoso círculo de fuerza y fe, conectándolo a su eje y centro, equilibrándolo y fortificándolo.

Al iniciar la oración del rosario nos proponemos recorrer un amino circular, así como el ciclo de las horas, los días, de la Luna, de la Tierra, de los mares.

Ir y venir.

Sin principio ni final.

Dios es el principio, el medio y el final, es el centro y el eje del círculo de la vida. Por eso María nos pide que recemos el rosario y divulguemos esa devoción por toda parte.

CICLO DE PURIFICACIÓN

¡Queridísimo ángel de Luz!

Qué bueno que usted abrió su corazón: "Haced según su fe".

Tenga plena seguridad de que usted lo va a conseguir. Los ángeles, María y Jesús están a su lado. ¡Crea!!!!!!

"Golpee y la puerta se abrirá; busque y encontrará".

El ciclo de purificación está compuesto de 21 días de oración, rezando 7 salmos por día. Usted puede rezar esta oración siempre que lo quiera. Es preferible que no se rompa el ciclo. Si usted empieza, vaya hasta el final, a pesar de las dificultades. Coja la mano de Dios y vaya en frente. Usted lo conseguirá.

Durante estos días escoja algo muy significativo para sacrificar. El ayuno es un compromiso, es una demostración de su voluntad de realizar lo que se está proponiendo. Jesús dijo: "Haga de su parte que Yo lo ayudaré".

Durante los 21 días esté especialmente "conectado" con Dios. Póngale atención a sus actitudes, pues de nada sirve rezar sin actuar. Tenga en su corazón bondad, solidaridad, comprensión, paciencia, amor. Más importante, que llamar el nombre de Jesús y María, es sentirlos.

Póngale atención a las trampas de los enemigos, no se meta en peleas, en desarmonía. Contrólese. Crea: todo intentará sacarlo de su punto de equilibrio. No se preocupe, siga adelante, y que las penas y tribulaciones sean más una prueba de la fuerza divina.

"Usted todo lo puede en Aquel que lo fortalece."

1ª SEMANA: DE LA EXPULSIÓN

En esta semana usted estará expulsando todas las iniquidades, todo lo negativo que lo ha acompañado hasta aquí.

> **Durante 7 días usted rezará 7 salmos por día.**
> *Lectura bíblica sugerida para iniciar la oración*: Juan 15.
> *Salmos*: 57, 91, 140, 38, 59, 55, 56.
> *Lectura bíblica sugerida para concluir la oración*: Lucas 11.

En el primer día tenga cerca un vaso con agua mientras usted ora. Lea sus salmos, converse con Jesús, abra su corazón y siéntalo. Camine por su casa con *ese* vaso y pida que aquella agua absorba como una esponja todo lo que es negativo en su casa y en su vida. Tenga fe que el poder de Jesús opera milagros.

Cuando termine, bote el agua y hasta rompa el vaso, como si estuviera rompiendo una antigua norma. Agradezca la presencia de Jesús en su vida y toda la limpieza que está realizando. Tenga fe.

Consagre su vida a Jesucristo.

En los próximos seis días rece sus oraciones con un vaso de agua. Al finalizar bote el agua, repitiendo sus intenciones de limpieza y purificación. En el último día rompa el vaso que lo acompañó durante esta semana.

2ª SEMANA: DE LOS PEDIDOS

En esta semana usted rezará siete salmos cada día.

Lectura bíblica sugerida para iniciar la oración: Juan 4.
Salmos: 110, 111, 112, 113, 114, 116, 117.
Lectura bíblica sugerida para concluir la oración: Mt 18.

Durante esta semana usted podrá, a partir de la fuerza de su oración y de la bendición de Dios, energizar el agua. Continúe utilizando esta agua de la mejor forma posible. Desarrolle un verdadero sentimiento de gratitud. Por todo y por todos.

Gratitud por ser Jesús tan misericordioso, tan maravilloso y por bendecirnos con tantas gracias. Por más complicada que sea su vida, encuentre motivos para agradecer.

Ese es su ejercicio mayor. Pida la ayuda de sus ángeles.

Estamos concluyendo el ciclo de 21 días de oración y purificación. Agradezco profundamente a quien me enseñó a compartir con ustedes toda mi fe y gratitud por tantas gracias alcanzadas. La mayor de ellas, no hay duda, ha sido fortalecer mi fe y mi profunda unión con el Padre.

Agradezca todos los beneficios alcanzados

En esta semana anote en su cuaderno todo lo que usted debe agradecer en su vida. ¡Cuántas gracias hemos alcanzado! Vivimos en un país que no está en guerra, estamos vivos y tenemos infinitas posibilidades de intentarlo y vencer. Agradezca, agradezca profundamente.

Busque ponerle atención a los detalles comunes y corrientes: el agua de la llave, los granos de café molido, la medicina avanzada. Agradezca por las centenas de células produciéndose en su cuerpo. Perciba su alma contagiada: cuanto más agradece más tendrá para agradecer, es un movimiento embriagador. ¡Basta empezar y querer!

¡Gratitud! Ese es el sentimiento mágico que rodea nuestra existencia. Anote en su cuaderno, "Querida María", haga entonces un listado de todas las pequeñas y grandes gracias que debe agradecer. Durante siete días revise su lista, incrementándola deliberadamente. Siéntase feliz, sienta el corazón pulsando de gratitud. Usted se sentirá en éxtasis al percibir cuánto tiene por agradecer y tal vez nunca se había dado cuenta. Acuérdese de que el tiempo de Dios es diferente al de nosotros. Sólo alcanzaremos la dádiva de la gracia deseada si estamos listos. Esa responsabilidad pertenece a cada uno, hace parte del aprendizaje de cada uno de nosotros, ángeles en la tierra.

Durante todo el ciclo usted seguramente será sometido a muchas pruebas y tentaciones. Tal vez se involucre en discusiones y peleas, la demostración concreta de la lucha entre el bien y el mal.

¡No vacile! Usted está avisado: no se deje caer en ninguna trampa satánica, pues él es astuto y quiere enredarlo. Sólo Dios es más poderoso y usted está alerta.

¡Escoja verdaderamente el camino del Señor!

Usted puede preguntarse: "¿Y los milagros? ¿Y la conversión? ¿Y la bendición del renacimiento? ¿Y la intercesión de María, de los ángeles, de Jesús? ¿No traen armonía a las relaciones? ¿No ayudan a obtener la gracia de los pedidos alcanzados?".

Es necesario descubrir que diferentes personas poseen también necesidades distintas. No coloque su felicidad en las manos de otra persona. No establezca reglas definitivas ni fórmulas precisas para conducir su vida, pues usted quedará con su autoestima reducida, sintiéndose poco amado y respetado . Lo importante es que usted mantenga sus valores primordiales y su esencia verdadera.

Como existen cosas que no podemos experimentar, Dios nos permite otros medios para conocer a través de los sentimientos.

"Si me aman, guarden Mis mandamientos para que eternamente quede con vosotros el Espíritu de la Verdad, a quien el mundo puede recibir porque no lo ve ni lo conoce. Pero ustedes Lo conocerán porque El quedará con vosotros y estará con vosotros. Pero el Consolador, que es el Espíritu Santo, a quien el Padre enviará en mi nombre, os enseñará todas las cosas y os hará recordar todo lo que os he dicho".

Juan 14, 15:17

Por eso es tan importante que al escoger el camino del Bien y del Señor, usted lo escoja *verdaderamente*. De nada sirve rezar el rosario, hablar de Dios, de María y de los ángeles si usted no asume una actitud pertinente y verdadera. Entonces las fuerzas del mal lo golpearán, usted quedará débil y no alcanzará sus gracias, perdiendo la paciencia - la ciencia de la paz. ¡Todo depende de usted!

Guerreo de luz, forme un grupo de oración

¡TODOS JUNTOS SOMOS FUERTES!

Durante una cena, en un ritual típico de las familias conectadas con el movimiento Mariano, todos se reúnen en una casa para rezar el rosario y meditar, hablar sobre las experiencias y los problemas de la comunidad y renovar, juntos, el acto de consagración del Sagrado Corazón de María.

¿Usted ya rezó alguna vez con su familia reunida al desayuno, al almuerzo o a la comida? ¿O, quién sabe, en otra hora especial? Experimente realizar esa práctica con su familia. Deje a un lado los prejuicios, la pena e intente abrir su corazón en conjunto con las personas que usted más ama. Deje que sus palabras salgan espontáneamente de su corazón. ¡Milagros sucederán!

Empiece con las oraciones preferidas por Jesús y María: los salmos.

Pídale a María que lo ayude a reclutar su ejército y convocar personas.

Y, si usted no consigue reunir las personas para esa oración, no se desaliente y piense que Jesús, María y los ángeles están presentes. Cerrando los ojos, orando con fervor e imaginando que está oyendo la voz de María y de los ángeles acompañándolo.

Acostúmbrese a leer los salmos, Ellos nos fortalecen y muchas veces parecen estar describiendo exactamente nuestro estado de espíritu.
Tan pronto se familiarice con su Biblia, usted recibirá muchas respuestas a través de esa magnífica lectura. Oiga la voz suave de María orando y fortaleciendo su corazón y tenga fe.

¡USTED ES LUZ!

Capítulo 7

SIGA SU CAMINO DE FE Y ESPERANZA

*"No fuiste tú quien me escogiste,
sino Yo que os escogí
y designé
para ir y producir fruto
y para que tu fruto permanezca,
a fin de que todo lo que pidas
al Padre
en Mi nombre,
te sea otorgado por Él.
Esto os ordeno: Amaos los unos a los otros".*
Juan 15: 16-17.

Continúe su camino de fe y esperanza

¡Usted hace parte del plan divino, ha sido escogido y no está sólo!

Ha llegado la hora de asumir la espiritualidad, de oír el llamado de la propia alma y reconocer lo divino en nosotros mismos.

María, precedida por el ángel Gabriel, viene a anunciarnos el nacimiento del Divino Niño dentro de cada uno de nosotros. Viene a anunciarnos el nacimiento de nuestra conciencia cristiana.

Viene a proponernos la ascensión, la transformación de la materia en luz, para que cada uno de nosotros se encuentre a sí mismo, para que perfeccionemos nuestras relaciones internas.

María nos trae la paz, el fin de la dualidad, de la inquietud, la integración de la luz con la materia.

La luz es la fuente de toda creación.

Todos nosotros somos parte de un proceso de evolución.

María quiere que estemos sintonizados con el todo pues cada movimiento, por pequeño que sea, está conectado con el universo. Una frase poética mencionada por un importante físico describe nuestra interconexión: "Cuando una mariposa agita sus alas en Japón, ocurre una tempestad en Nueva York".

Es necesario poner mucha atención. Piense en el poder de sus actuaciones, piense que cada acción se reflejará en algún punto. Todo está interconectado, conectado, el microcosmos está directamente conectado al macrocosmos, a todo lo que usted piensa y habla y a la forma como actúa.

Si una piedra es lanzada a un lago, ella provoca olas y todo alrededor recibe sus vibraciones y movimientos. De las plántulas de la orilla a la arena del fondo, todo se mueve en función de un movimiento y de una actuación.

De la misma forma cada actitud y cada palabra tienen fuerza y vida propias.

"Orad y vigilad", cuide las palabras, no las tire al aire sin pensar.

Las palabras se las lleva el viento y usted puede olvidarlas; sin embargo, ellas darán la vuelta al mundo y, cuando usted menos lo espere, estarán golpeando a su puerta...

Todo queda registrado en el universo, como una inmensa y potente grabadora.

Las palabras clave son integración, integridad, paz, amor.

María representa el vínculo con el padre y con el hijo.

María es la casa de la manifestación.

María está aquí para dar a luz al Divino Niño que habita en cada uno de nosotros.

María está aquí para mostrar el poder femenino, la femineidad.

Dar a luz es incontestablemente un hecho heroico, pues es abrir mano de la propia vida en beneficio de otra vida. Es una larga jornada. La mujer tiene que abandonar la seguridad de su vida y asumir el riesgo.

La mujer necesita convertirse de hija en madre. Es un gran cambio, que involucra muchos riesgos. Y cuando regresa de la jornada con el niño, ella trae alguna cosa al mundo y empieza a recorrer un camino de muchas penas.

Nosotros somos la imagen y la semejanza de Dios, en cada corazón habita un poco de María y de Su sabiduría divina.

María tiene la dulzura de una madre y la fibra de una guerrera. Está dispuesta a batirse a duelo con el mal para convertirlo en bien. Generosa y magnánima, esparce luz en nuestras mentes y Su sabiduría suprema nos contagia con Su fuerza exuberante.

María derrama sobre nosotros las bendiciones de la comprensión, del amor incondicional, de la bondad, de la compasión, de la paz y de la misericordia infinitas.

María viene a anunciarnos que aquello que tanto buscamos afuera es un tesoro maravilloso escondido en nuestro corazón.

María rescata nuestros valores. Nos orienta cuando afrontamos los cambios que Sus mensajes anuncian: cómo convertirnos, cómo encontrarnos, cómo vivir una nueva existencia.

María está reclutando Su ejército de Guerreros de Luz para vencer definitivamente la lucha velada contra el Mal y alcanzar entonces la unión en la santa paz de Dios, así como era en el principio, ahora y para siempre.

María fue el testigo vivo de que la obra del Señor se perpetuaba.

Usted puede observar eso en las páginas de este libro o aún en las experiencias que anotó en su cuaderno.

El plan de salvación, la venida del Padre, se delineó con la cooperación de María Santísima desde el inicio, y ahora depende de usted.

¡Jesús, María y los ángeles lo aman mucho!

Continúe su propio camino de amor y esperanza.

Usted es un pilar de luz, permítase brillar y vestirse de sol para derretir el hielo de las personas adormecidas. Nada resiste a la fuerza poderosa del amor, de la fe y de la esperanza que pulsa dentro de un corazón de madre.

Seremos, sí, capaces de transformar al mundo y vivir en paz con una nueva conciencia.

INTERCONECTANDO LOS PUNTOS

¡Usted es un ángel en la Tierra, un Guerrero de Luz!

María quiere que estemos sintonizados con el todo, pues cada movimiento, por pequeño que sea, se conecta con el universo.

Forme un grupo de oraciones, de estudios, de reflexión, de orientación. María está reclutando su ejército y usted hace parte de él. ¡Usted es uno de los nuestros! Por donde pasa puede iluminar. Asuma su papel de ángel en la Tierra, esté totalmente conectado con lo Sagrado.

Consagre su vida y permítase vivir la abundancia del ser.

Estoy esperando su testimonio, su carta, para que juntos divulguemos para todo el mundo las grandes gracias y glorias del Señor. ¡Quiero conocerlo!

Gracias por abrir su corazón, ¡todos juntos somos fuertes!

Y venceremos.

Biba Arruda

Escriba su historia de fe para:
Biba Arruda
Rua Pedro Soares de Almeida, 114 - São Paulo - SP
CEP 0005029-030
O entre en contacto directo con la autora:
biba@dialdata.com.br

BIBLIOGRAFÍA

- Bíblia Sagrada
- A Carícia Essencial. Roberto Shinyashiki, Ed. Gente.
- A fé que Remove Montanhas. Lauro Trevisan, Editora e Distribuidora da Mente Ltda.
- Alegria e Triunfo. Lourenço Prado, Editora Pensamento
- A Maes das Américas. Haroldo J. Rahm, S.J., Edições Loyola
- Amor incondicional e Absolvição. Edith Satuffer, Totalidade Editora.
- A Mulher do Apocalipse. Felipe Rinaldo Queiroz de Aquino.
- A Mulher do futuro. Zulma Reyo, Editora Ground.
- Anjos – Tudo o que Voce Queria Saber. Biba Arruda e Mirna Grzich, Editora Três.
- Apocalypse Now – The Challenges of Our Times. Peter Roche de Coppens, Llewellynn Publications, Minnesota.
- A Prática Esotérica Meditações Cristãs e Exercícios. Dr. Stylianos Atteshlis, Ed. Ground.
- A Profecia de Fátima e a Queda do Comunismo. Pier Luigi Zampetti, Editora Santuário, Aparecida, SP.
- As Aparicoes. Erich Von Däniken, Editora Record.
- As Mãozinhas de Maria. Regis Castro, Raboni Editora.
- A verdadera Historia de María. José C.R. Garcia Paredes, Ed. Ave María.
- A Vida no Tempo de Jesus de Nazare. Peter Connoly, Ed. Verbo, Portugal.
- A Virgem Maria – Cem Textos Marianos com Comentarios. Santo Agostinho, Editora Paulus.
- Conversando com Deus. Neale Donald Walsch, ediouro.
- Crescendo Juntos. David Fontana, Editora Saraiva.
- Curso de Espiritualidade. Bruno Secodin, Tullo Goffi. Ediçoes Paulinas.
- Diálogos com Maria no final do Milênio. Joaquín Alliende Luco, Ed. Companhia llimitada.
- Dicionário de Espiritualidades. Editora Paulus.
- Demonología. Dr. Zoroastro, Ediouro.
- **Diccionário de Mariologia. Editora Paulus.**
- Disciplina o Limite na Medida Certa. Içami Tiba, Editora Gente.
- Gestos de Bondade – Uma Coletânea ao Acaso. Os Editores de Conari Press, Editora Ágora.
- Glórias de Maria. São Afonso de Logório. Editora Santuário.

- Glossário Teosófico. Helena Blavatsky, Ed. Ground.
- Guerra Espiritual: Ataque Contra a Mulher. Padre George Kosicki, Edicoes Louva-a-Deus, Comunidades Emanuel.
- José o Silencioso. Michel Gasnier, Ed. Quadrante.
- Mae Maria: Revelações. Marisa Varela, Missão Orion Editora.
- Maria na Bíblia. Aleixo Autran, Editora Ave Maria.
- Maria no Desígnio do Pai Três Reflexões. Giacomo Biffi, Ed. Salesianas Dom Bosco.
- Maria Pequeño Manual de Instruções –Aprendendo com a Mae Santissima. Eileen Elias Freeman, Ed. Ediouro.
- Maria Rainha da Paz. Biba Arruda e Mirna Grzich, Editora Três.
- Meditando com os Anjos. Sônia Café, Editora Pensamento.
- Mensagens de Maria para o Mundo. Annie Kirkwood, Ed. Nova Era.
- Mística Cidade de Deus. A tomos (obra classica do sec. XVII). Soror Maria de Agreda. Publicacoes Marianas Academia Marial de Aparecida, SP. Centro Mariológico no Santuário Nacional.
- Na Escola do Coracao de Jesus e de Maria. Padre Roque Schneider, SJ Edições Loyola.
- Natal, Tudo Que Você Queria Saber. Biba Arruda e Mirna Grizch, Ed. Tres.
- O Caminho da Solidariedade. Madame Blavatsky, T.A. Queiroz Editor.
- O Caminho de Cristo – O resgate da Magia das Festas Cristas. Evelyn Scheven, Editora Inhambu.
- O caminho dos Essênios. Anne e Daniel Meurois Givaudan, Ed. Objetiva.
- O Enviado. J.J. Benitez, Ed. Record/Nova Era
- O Eu Profundo e os Outros Eus. Fernando Pessoa, Editora Nova Fronteira.
- O Evangelho de Maria. Salvador M. Iglesias, Editora Quadrante.
- O Evangelio Esotérico de São João. Paul Cour, Ed. Pensamento.
- O Ícone da Mãe de Deus. Gaetano Passarelli, Edições Ave Maria.
- O Livro das atitudes. Sônia Café, Editora Pensamento.
- O Livro de Emmanuel III – A origem e missao dos anjos. Pat Rodegast e Judith Stanton, Ed. Nova Era.
- O Livro dos Anjos. Sophy Burnham, Editora Bertrand Brasil.
- O livro dos Demônios. Antonio Augusto Fagundes F., Ed L&PM
- Olhar para Maria. Antonia Orozco Delclos, Ed. Quadrante.
- O Mistério de Jesus. Vamberto de Morais, Edições Ibrasa.
- O Mito da Nova Era. Pablo Capanna, Ed. Ave Maria

- O Poder do Mito. Joseph Campbell, Editora Palas Athena
- O Rosario Ano 2000. Dirce Bastos Pereira da Silva, Mir Editora
- O Rosarios de Nossa Senhora. Elias Leite, Editora Ave Maria
- O Santo Rosario. José Maria Escriva, Ed. Quadrante.
- Os Anjos Guardiães da Esperança. Terry Lynn Taylor, Ed. Pensamento.
- Os Anjos Inspiradores da Criatividade. Terry Lynn Taylor, Ed. Pensamento
- Os Anjos Mensageiros da Luz. Terry Lynn Taylor, Ed. Pensamento
- Os Anjos na Bíblia. Pino Madero, Editora Paulus.
- Os Dez Mandamentos e o Pai Nosso. Abdruschin, Ordem do Graal na Terra.
- Os Essênios. D. Christian Ginsburg, Ed. Pensamento.
- Os Sete Hábitos das Pessoas Muito Eficientes. Stephen R. Covey, Editora Best Seller.
- Os Três Reis e Quatro Rei. Jakob Streit, Edições Waldorf.
- Perguntas e Respostas Sobre a Fé. Padre Alberto Luiz Gambarini, Editora Agape.
- Quem És Tu, Maria? Jean Claude Michael, Edições Ave Maria.
- Rainha do Ceu. Editora Verbo, Portugal
- Rainha dos Corações, Rogai por nós! Edicoes Belém do Pará
- Rezem com o Coração. Padre Slavako Barbaric, OFM.
- Rumo ao Novo Milenio. Projeto de Evangelização da Igreja do Brasil em preparacao ao grande jubileu do ano 2000. Documentos da CNBB
- Seguindo a Jesus. Dante Alimenti, Editora Verbo, Portugal (3 volumes)
- Sim, Senhora. Padre Olivio Reato, Editora Raboni
- Só o Amor é Real. Brian L. Weiis, Ed. Salamandra
- Todos os Nomes da Deusa. Joseph Campbell, Riane Eisler.
- Marija Gimbutas e Charles Muses, Editora Rosa dos Tempos.
- Transformados para Sempre. Robert Degrandis, SSJ Linda Schubert, Edições Loyola.
- 365 Dias com Maria. Rene Lejeune, Edições Loyola
- Uma Nova Visão do Amor. Flavio Gikovate, MG Editores Associados.
- 25 Maneiras de Rezar o Terço. Padre Joãozinho, SCJ, Edicoes Loyola.
- Viram O Menino e Sua Mae – Meditações Sobre os Evangelhos da Infancia. GianFranco Ravasi, Edições Loyola

EDITORIAL PROSPERAR
Libros para el alma, el corazón y la mente

Conozca todas nuestras publicaciones

Llámenos ahora mismo
Teléfonos: 368 1861 - 269 8567 - 269 5685
Calle 39 No. 28-20

e-mail: centauro.prensa@ibm.net